4つのステップで今から始める！

七転び八起きのキャリアデザイン

NPO日本キャリア・コンサルタント協会
小倉克夫

東海教育研究所

はじめに

今、このページを開いているあなた。

「ようこそいらっしゃいました。お待ちいたしておりました」

これからあなたをキャリアカウンセリングの世界にいざないます。相談者になったつもりで、私の話を聞いてください。

「本日はどのようなご相談ですか?」という問いかけからカウンセリングは始まります。相談内容は、人生の行方を決めるものもあれば、ちょっと違った視点を手に入れたいというものまで多種多様です。「困った。どうしていいかわからない」「怖くて足がすくみ前に進めない」「進むべき方向が見えない」「これから何を目的にしたらいいか分からない」という人生の重大局面の決定についての相談もあれば、「自分の意思を表現するのが苦手」「コミュニケーションを取るのが苦痛」「人間関係の問題」という日常的なものもあり、100人100様の様相を呈します。

まず共有すべきこと

相談者は必ず何らかの悩みや課題を持ちながら、「的確なアドバイス」を求めて来談に訪れます。「あなたが今気になっていることは何でしょうか?」「どんな悩ましい事柄を背負っていらっしゃるのでしょうか?」

まず共有すべきは時代認識です。人生100年時代となると、「何歳まで働くの?」とか、「年金はどうなるの?」「AIが一般化する中でどんな働き方をすればいいの?」など、今まで考えなくてもよかったことが今後メインのテーマになっていきます。TVドラマでは「キャリア」という言葉が日々使われ、「働き方改革」という言葉が新聞紙面を賑わす時代になりました。時代の流れと政府の重点施策が相まって、キャリアコンサルティングのニーズが今後益々増大するのは間違いありません。今がまさに旬といえます。

キャリアコンサルティングは、そんな認識を踏まえた上で、相談者の立ち位置に配慮しつつ、押しつけにならない形で、実際に起きた事実ベースで実例をも踏まえたアドバイスがタイムリーにできる、という形が理想です。

そんな思いを「見える化」し、本としてまとめたものが本書です。筆者の実体験をワンテーマトのエッセイ80編に整理し、誰にでも読みやすいよう編集しました。「キャリアは人生そのもの」という考えに基づき、簡易に分かりやすい日常の題材を例として示し、相談者に「気づきのヒント」を与える、そんな思いで本書を書いています。

働く人生を作る4つのステップ

本書のコンセプトは〝いつでも、どこでも、誰にでも始められるキャリアデザイン〟というものです。以下、その構成について紹介いたします。

「いつでも」は、出会った時が「縁」と思っています。読者との第1回目の出会いの場所が「たった今」のこのページです。全く無縁だった方がたまたま本屋の店頭で本書を手に取られたとしたら、その方の人生が変わるかもしれません（もちろんいい方にです）。これこそ「計画された偶然性」（Planned Happenstance　3章コラム1a参照）であり、「考え方が変わると行動が変わり、性格が変わり、人生が変わる」ということになるかもしれません。

「どこでも」は、人生のどのステップからでも、学習は始められる、ということです。

第1のステップは、「過去の振り返り」です。「過去と他人は変えられない」といいますが、現在は過去の集積です。ハローワークやキャリアコンサルタントの面談においては「キャリアの棚卸」という作業をよくやりますが、本書ではワークシートを通じて、価値観や発達課題の確認をします。

第2ステップは、「現在はどこにいる?」という立ち位置の確認です。「今が大事」と考え、まさしく今の自分が主役となります。自己分析を行い、自分の立ち位置と強味に気づくことで自己理解を深めます。ここでは現在を分析する「4M大作戦」と「3K」「RESPECT」という手法を紹介いたします。

第3ステップは、「この先どうしたい」という未来がテーマです。願望や理想、なりたい自分を言語化し、「見える化」するという作業により、不安な将来を希望のある輝かしい未来に変えていきます。ここでは、「ミラクル・クエスチョン」と「ライフ・プラン」について質問に答えていただき、輝く未来をつくるヒントを掴んでいただけるような構成にしました。

最後の第4ステップは、「いつでもどこでも誰にでも始められるキャリア」の総括として、「楽しく生きるための経験的法則」や日常に役に立つ「ストレスを遠ざける方法」をまとめておきました。キャリア学習に使える基礎的なものもあり、重要なものばかりを選びました。企業研修等で前提としてよく行うものです。そして私がライフワークとしている「運(ツキ)」についても若干加えさせていただきました。

本書の読み方について

最後に、本書の特徴についてお話しします。本書は、当初大学生や新社会人、および家庭の主婦という社会的に弱い立場の方を対象に書いたものでしたが、「働く」すべての階層にも十分機能することがわかりました。以下その理由を示します。

大学生の読者の方へ

大学生は、ＩＱ（知能指数）ではなくＥＱ（心の知能指数）を上げることが、キャリア教育の目的だと私は信じています。私は実際に大学のキャリア授業で、何回もこの本にあるコラムを使って学生の質問に答えてきました。また授業で出会ったエピソードを、コラム化した逆のケースもあります。そんなわけで本書は、東海大学のキャリア授業の補助教材として使われる予定です。大学生には物事の決定や判断に迷った時に本書を傍に置いて読んでほしいと思います。

20～30代の読者の方へ

20～30代の読者に対しては、壁にぶつかった時に是非この本を開いてみてください。入社後3年もすると、「自分の思いと違っていた」「こんなはずじゃなかった」という思いで離職する人が少なくありません。また入社10年近くになると、先が見えて「転職するなら若いうち」という考えが出てきます。いずれの場合も壁にぶつかっており、自分で結論を出す前に本書を読んで「歪んだ認知」が見つかれば、修正すればいいでしょう（これを認知の変容と言います）。まずは正しい選択を得るための「軸づくり」に、本書を使ってください。

40～50代の読者の方へ

40～50代は、仕事では脂の乗り切った時代なのですが、家庭を持つので、容易に転職はできない状況になります。そして、この年代で気になりはじめるのが年金問題です。いつまで働けばいいのか？　という問題に遭遇します。75歳まで働くという時代がもうすぐそこに見えているからです。「私のひとつしかない人生がこれでいいのか」という昔からの夢もあり、知人からの転職の誘い、はたまたリストラの憂き目に遭うという有為転変の事態も考えられます。柔軟な対応が必要な大事な時期なので、自分のマインドの健全性や整合性を本書で確認してみてください。同意できるところも驚くところもあり、気づきを促してくれることでしょう。

60代以上の読者の方へ

60代以上の読者の皆様は、セカンドライフをどう考えていらっしゃるのでしょうか？　人生100年時代は、セカンドライフ、サードライフも考えねばならない時代なのです。世界的な長寿国である日本で、仕事をいつまで続けるのか？　どんな仕事をやるのか？　何がやりたいのか？　既存の趣味と新しいチャレンジ等々、ここにもキャリアの問題が山積しています。

本書は、セカンドライフ以降の人生のことも念頭に置いて書きました。

筆者の場合、「どう死ぬか」これこそが究極のキャリアではないか、と考えております。

キャリアコンサルタントの皆様へ

全国6万人といわれ、増大を続けるキャリアコンサルタントの皆様も、ぜひ本書を手に取ってご覧になってください。

ここに書いた4つのステップの方法は、カウンセリング、研修等で、私自身が使用して大きな成果を得ております、コラムの部分を、ご自分の実体験に置き換えて話されたら、迫力も説得力も大幅に増すことを請け合います。

超高齢化時代となり、また人の代わりに働くAIの闊歩する世界がすぐそこまで来ています。こんな時代背景の中でどう働き、どう生きていけばいいのでしょうか?

本書では、私なりに考え方を出したつもりです。ぜひ参考になさってください。

人生100年時代。老若男女すべての人が「幸せに働く、楽しく安寧な輝かしい人生」を手に入れることを心より願っております。

小倉克夫

目次

はじめに

第1章 はじまりは過去から　9

自分のために振り返る自分史　17

まとめ　62

64

第2章 現在を「見える化」しよう　65

第3章 未来を取りにゆこう 113

第4章 いつでもどこでも誰にでも 161

本書は、『月刊新松戸』（新松戸編集室発行）の連載〈楽しく生きる法則〉（二〇〇九年四月号〜）を元に、加筆と書き下ろしパートを加えて再構成したものです。

第1章 はじまりは過去から

1

自分のために振り返る自分史

過去には、「振り返りたい過去＝あの時私は輝いていた」と「振り返りたくない過去＝忌まわしい思い出」があります。幼年期の家庭環境と育ち方、少年期の出来事、学生時代の印象に残ったこと、社会人になってからの悩み等が、今日の「人生」に大きく影響を与えていることが分かります。それらが認識できれば自己理解が深まり、その結果として思考と行動が変わってくる可能性があります。また「温故知新」――故《ふる》きを温《たず》ねて新しきを知る――という過去から未来への応用ができます。

❗〈知っておこう〉

ここでは「過去」を振り返るための有効な方法を２つ紹介します。

まずは、自分の経験、スキル、特技などを「棚卸」するという一般的な手法です。

ここまでの自分を振り返り、得意なこと、興味を持ったこと、成功体験等プラス影響のものから、不得手なこと、嫌なこと、苦い体験などのマイナスの影響のものまでを洗い出します。それを「リスト」にすると自分の強みと弱みが見えてきます。そして、強みと弱みが裏表になっているということも確認できることでしょう。

もうひとつの方法は、あなたの「自分史」を年表の形で「見える化」することです。経験したこと、大きな影響を与えた出来事を記し、その横に各年に起きた世界や日本の出来事を付記しておくと記憶が蘇ってきます。さらに、その時の自分の感覚を思い出してください。親の転勤や離婚という自分ではどうしようもない「外部要因」、心の内面での葛藤や変化を示す「内部要因」を加えると、「モチベーショングラフ」が出来上がります。

いつの時代に自分が輝いていたのか？　なぜ輝いていけたのか？　が分かると、現在の自分とのギャップを知ることで、これからの人生の生きていく手がかりや悩んでいる自分の方向性についてのヒントを得ることができます。人生１００年時代といわれる昨今、自分の歴史を後世に残す自分史作りは人気があります。それは他人に見せるため、または記録として残すのが目的ですが、本書で勧める自分史は、自分のために作るというものです。自分史のワークシートを作りましたので、ぜひやってみてください。

★▙〈やってみよう〉

① 自分史を書いてみる。

② 自分の好きなものを思い出してみる。

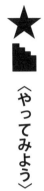

① 自分史作成シート

自分のこれまでをふりかえって整理してみましょう。

記入：　　　年　　月　　日

	幼少期	学生時代	社会人以降
主な出来事・印象的な出来事	① ② ③	① ② ③	① ② ③
打ち込んでいたこと	① ② ③	① ② ③	① ② ③
なぜ打ち込めたか、がんばれたか	① ② ③	① ② ③	① ② ③
憧れていた人物・職業			
人間関係など			

②　次の質問に答えてください。

Ｑ１　子供の頃、両親以外で、誰に憧れていましたか？

Ｑ２　雑誌やテレビ、もしくはＷｅｂであなたの好きなものは何ですか？

Ｑ３　あなたの好きな本は何ですか？　どんなストーリーですか？

Ｑ４　あなたの好きな言葉やことわざを教えてください。

Ｑ５　幼い頃の思い出を３つあげてください。

（出典：マーク・Ｌ・サビカス『サビカス　キャリア・カウンセリング理論』）

★〈やってみよう〉のまとめはP64

キャリアデザインのヒント

1

a 1

振り子の原理

「楽あれば苦あり。苦あれば楽あり」ということわざがあります。人は、一方的に「苦」が続くわけでもないし、一方的に「楽」が続くわけでもない。「振り子」は、右に振れた分だけ、左に戻って振れます。人生の振幅もこれに似ているというわけです。「苦」に振れた分だけ同等に「楽」に戻ってくる、苦しんで克服したら苦しんだ分だけ楽しみになって返ってくる、という考え方です。

私は、52歳の時に大病を患いました。ひと昔前でしたら、助からない病でした。この時は、3回の大手術を受け、半年間×2回会社を休みました。すべてを忘れ、治療に専念した結果、奇跡的に治癒しました。長い闘病生活の中で、日々浸っていたのは、「普通に生きていることの幸せ」「病気が治ったらやりたいこと」「自分は何ができるのか」という、いわゆる「自己理解」の世界でした。

よく寝られて、普通に朝起きて、食事がおいしく食べられて、周りには理解者がいる。会社という居場所があって、そこに行けば部下がいる。こんな生活があり、人と交わって生きていくことが最高の幸せと感じた瞬間から、自分自身が変わっていくことを感じました。

この時、一度死んだのならポジティブに「おまけの人生」を生きていこう、と心に決めました。

私が常々やりたいと思っていた「人の心とのかかわり」というライフテーマに挑戦してみようという気になり、これが早期の自主退職につながりました。病気によって自己理解を深めたことが、今日の私の源になっているのです。

退職後の私は正に順風満帆です。ある意味、今までの人生の中で今がもっとも充実して輝いている瞬間の中で生きています。これが「振り子の原理」です。

「私はついていない」「何をやってもうまくいかない」などと人生を嘆くのではなく、「今は振り子が振れていて天から試されている」「ここを乗り越えれば振り子はいい方向に振り返す」。このように考えることはできないのでしょうか？

私は、東日本大震災が起きた２０１１年も、そんな自分の原点を思い出しながら、仕事三昧の生活を味わいました。それは問題の発生と克服をも意味します。疲労と暗い世相。そんな中、一番フィットするのが、「振り子の原理」です。私はピンチに立ったら「振り子の原理」を思い出します。

b 1

「当たり前」を見直す

私達の日常で「当たり前」ということが多々あります。一般的に「当たり前」とされている中で、非常に大事なことが見過ごされている気がします。

企業において、賞賛され表彰の対象になるのは、技術系なら「新製品の開発」、営業系なら「ビッグ商談の獲得」などでしょう。クレーム処理など、放置していたら致命的になる問題、誰もが敬遠する相手（取引先）との個別折衝、部下のモチベーション維持のための相談等は「当たり前」とされ、通常は賞賛の対象にはなりません。上司から「お疲れ様」とか「ご苦労様」と「一言ねぎらい」があっておしまいです。しかし、もしその当事者がその職務をこなせなかったとしたら、それは企業にとって致命傷になるケースが多いのです。「当たり前」の事柄を処理できる人が他にはいない時でも、この「一言ねぎらい」の現象が各所で起きていることに、私はある種の理不尽さを感じるのです。

昨年、私の所属するＮＰＯに、ある新規講座のプログラムとテキストの作成依頼がきました。従来、経営やマーケティングに関する案件については、ＮＰＯ内では私が一人で対応していました。ビッグビジネスなので、ＮＰＯの他のメンバーは私が受けて「当たり前」と思っていたようですが、私はお断りしました。「うまくいって当たり前。失敗したらすべて私の責任。

そしてボランティア。口先だけの一言ねぎらいで終わりだろう」と私は思いました。私は、当事者にとって当たり前のことでも、その人しかできない重要なことであれば、「一言ねぎらい」以外の賞賛や表彰、報酬の対象にすべきである、と思うのです。

一方、北朝鮮の核の脅威にさらされている我が国の政府発表を皆さんはどう思いますか？「ミサイルが日本に向けて発射されたら警報を出します。その際、大きな建物の中や地下に避難してください。平たい所でしたら、頭を抱えて伏せてください」というような内容です。核ミサイルが飛んで来たらこんな対応でいいはずはありません。戦時中の竹槍訓練の発想と同種の肌寒いものを私は感じました。「当たり前」と受け止めている人がいるかもしれませんが、この「当たり前」は非現実的です。

親が子供を養育するのは「当たり前」というのが社会の常識です。しかし、大きな苦労や犠牲を強いられながら、懸命に子育てをされている家庭もあります。私がカウンセリングする対象はこのような人が多い。また、健康な人にとっての「当たり前」は、病人にとってはそうではありません。

通常の生活の中で見逃しがちな「当たり前」について、そこに本質があり、私達全員が見直しながら考えていくことが、「本質を見極め感謝の気持ちにつながる」と思うのです。

経験と固定観念

2011年秋、ブータンの国王夫妻が来日して、沈滞気味の日本に爽やかな風をもたらしてくれました。日本人が封印してしまった「大事な資質」を思い出させるような涼風でした。「私達みんなの心の中には龍がいて、それは『経験』を食べて成長します。私達は日増しに強くなるのです」。ブータンのワンチュク国王は、確かこのようなことを東日本大震災の被災地である福島県の小学校でメッセージとして述べたと記憶しております。この「経験」ということについて考えてみましょう。どんな「経験の効用」があるのでしょうか？

経験があればイメージ・トレーニングができる、成功の経験があれば自信ができる、失敗の経験があればリスク・マネジメントができる、経験があれば漠然とした不安はなくなる、経験があれば先読みができて的確な対応ができる、いい経験があればワクワク感がでてくる、経験があればさらなる前進やレベルアップを求めるので、モチベーションが上がる等々。人の生活において「経験」ほど貴重なものはないと言っても過言ではありません。

さらに言えることは、「人生において無駄な経験はない。齢を重ねるごとに様々な経験が結びづき集束してくる」ということです。よく空白の○時間とか、失われた○日とかいう表現を週刊誌の見出しなどで見かけますが、私は日常生活の中では無駄な「経験」はない、と思っています。ですから、どんどん新しい経験を重ねること、たとえそれが自分にとって悪いことであっても、プラスに受け止めてどんどん経験するという姿勢が幸運を掴むという想いがベースにあります。与えられた時間は皆同じなのですから、多くの経験を積むことに積極的になるのがいいと思うのです。

一方で考えておきたいのは、「経験の弊害」ということもあるということです。経験が積み重なると、それは「思い込み」という「固定観念」につながることがあります。「固定観念」は、心理学的には「非合理的信念」と呼ばれているもので、鎧のような厚い殻で覆われています。概ね自己防衛本能が強く、それはまるで、「蛎の貝殻」のように分厚い。新しいことをやろうとする時に、この「蛎の貝殻」があるが故に、強い抵抗勢力ができてしまうということがよくあるのです。今まで会社を引っ張ってきた社員が、技術の陳腐化とともに会社のイノベーション（技術革新）の妨げになるというのはその実例です。経験力や功績が高ければ高いほど抵抗は強烈です。併せて弊害も強大となります。

「経験は、人を活かすためには欠くべからざるエキスである。順調な治世の時代はそれでいい。しかし、乱世時や非常時、あるいは革新の渇望時に突入した時は、経験をＲＥＳＥＴする勇気と変化対応力が求められる。ある意味、経験と固定観念は裏表の関係にある」と私は思っています。

d1

ロールモデル

自分がどんな人間になりたいか？　その姿を求めた時、見本になる人を「ロールモデル」と言います。アスリートの世界や芸能界では「〇〇のようになりたい」という言葉で、表現されています。一般庶民の間においてもほとんどの人はロールモデルがいるはずです。

私は齢65を過ぎて周囲に素晴らしいロールモデルが何人もいます。それは人生のサードキャリアという意味で、私自身、今後のキャリア形成をどうしていくのか、最後の貴重な人生をどう歩むか、について大きな影響力を持っています。

最近刺激を受けた順に私のロールモデルを紹介しましょう。

最も強烈な影響を受けたのは、会社時代から付き合いのある10年歳上の先輩T氏です。先日、個展を開くというのでいつもの写真展と思って行ってみると、なんと友禅染の作品展でした。タペストリーから和服まで、きめ細かにバランスのとれた色彩感覚で、ため息の出るような素晴らしい作品が多数展示されていました。3分の1はすでに買い手がついていました。T氏は写真撮影のプロで、市民講座の写真講師をしていたのですが、定年後は友禅染にハマっていたのです。定年になって趣味がない同僚を尻目に、T氏は60の手習いをしていた、というわけです。テニス、スキーも欠かさず継続し、写真と友禅染をやっていれば「やることが一杯あって、時間がいくらあっても足りない」と言えるでしょう。80歳近くになっても、昔と同じように若々しいその姿に私は強い感動を受けました。

ロールモデルの2人目は、元ビートルズのポール・マッカートニー氏です。２０１７年の来日ライブ体験は私にとって2回目で、ポールは74歳でした。あいかわらず30曲以上歌い続けた体力とサービス精神は秀逸で、これこそ超一流のプロというものでした。日本にも加山雄三氏という、やはり80歳になって、いまだに自作のヒット曲をライブで歌いまくっている歌手がいます。彼もすごい。この2人には相通じるものを感じるとともに、この2人を見ていると元気になります。

3人目は、２０１７年の朝ドラ『ひよっこ』で、ヒロインのおじいちゃん役で出てきた古谷一行氏です。一昔前は、探偵ものの主役で一世を風靡した俳優ですが、ＮＨＫのインタビューで、そんなことはおくびにも出さず自然体で受け答えしていた姿に好感を持ちました。好々爺の見本でしょう。私の知り合いで人材派遣会社の社長をやっていて、70歳で引退し、海外旅行や絵を描いている先輩に通じるものがあります。

ロールモデルの3例を挙げてみましたが、いずれも私にとっては、憧れの世界です。真似できることとできないことがあります。何を選ぶかは私の自由ですし、そんなことを考えていられる自分は幸せ者である、と喜びを噛みしめている昨今です。

1
e

自立する

最近気になるキーワードは何？　と問われた時に、すぐに浮かんだのが「自立する」という言葉です。「国際的な自立」とか「若者や女性の自立支援」だとかいう言葉が、毎日のように新聞紙上を賑わせています。「自律」とも書きます。

私が生業の1つとしているキャリアコンサルタントという職業の基本スタンスは、「クライエントの自己理解を深め、自主的な意思決定ができるように支援する」ということです。ここで言う「自主的な意思決定」というのが「自立」であろう、と私は思っています。自らが置かれている状況や様々な情報を的確に把握し、次のアクションをどうしていくのかを自分で決め、その結果も含めて周りから認知された姿です。いわゆる「自己責任」の概念です。この考えは、個人においても、国においても、同様のことが言えると思います。

日本の強みは、なんといっても水が潤沢にあり安全性が高いということです。この点は海外の他国にとっては羨ましい限りではないでしょうか？　さらに年金制度や医療制度なども他国には類のない我が国の良い特徴でしょう。このように良い環境で育った日本人は、海外では絶好のカモとなります。

海外に行く日本人と話していつも思うのは、セキュリティに関する感度が恐ろしく低いということです。「自分の命は自分で守るしかない」という至極当たり前の考えがなければならないのですが、海外で災難に遭った例は枚挙にいとまがありません。政治家や官僚がどれほど自国民の安全を守る意識を持っているのでしょうか？　口では人命尊重最優先と言っていますが、残念ながら結果は期待できません。海外での日本人の安全は「自己責任」で守るしかないということです。だからこそ、我々日本人は海外での安全を自分自身で確保する覚悟＝自立が必要だと思うのです。

次にこの考えを少し進めて、国レベルで、自国の防衛について考えてみましょう。従来、何かあったら米国が守ってくれる、米国の傘の中にいれば安全、と日本人は思っていなかったでしょうか？　そう思わないと生きていけなかったかもしれません。しかし、世界では、イスラム国、中東、クリミア半島等、多くの地域でテロや紛争があり、米国は国際警察として求心力が落ちてきているきらいがあります。日本に何か起きた時に可及的速やかに対応できると思いますか？　ここに我々日本人の「思い込み」があるのではないでしょうか？

企業においては、子会社をつくった時は、初期は十分な資金援助をしてくれますが、数年経つと「自社の社員の給料分ぐらいは自分で稼ぎなさい。会社として早く自立しなさい」と言われます。援助にも限界があるし、親会社自身が揺らいでいることも少なくありません。米国と日本の関係もこの状況にあるのではないでしょうか？

「ドジ」は自己開示の切り札

コミュニケーション能力を高めるには、「自分が知らない自分を知ること」と、「自分のことをよく分かってもらうこと」の両面から努力する必要があります。「自分が知らない自分を知る」ということは、自分がどう他人から見えているかを教えてもらう、すなわちフィードバックという方法が有効です。この部分を深めていくと、自分が思っている自分と、他人から見えている自分が重なってきます。これを「自己一致」と言って、めざすべき姿の1つといわれています。

一方、意外と軽視されているのが、「自分のことをよく分かってもらうこと」です。自分のことを相手に分かってもらえて、初めて相手はその方自身のことを語ってくれるものです。一方通行ということはありえません。自分のことを分かってもらうために、自分の情報を外部に示すことを「自己開示」と言います。「自己開示」には、様々な視点があります。名前、所属、身分にはじまって、好き嫌い、故郷、家族、趣味、大事にしているもの、果ては「座右の銘」にまで、広範囲に及びます。

様々な「自己開示」の中で、相手との距離を縮めるのが、「ドジの開示」です。「ドジ」とは、私達が日常よく演じてしまう自分独特の失敗のことです。珍しい「ドジ」は最高です。人は、他人の成功や自慢話を心から喜べないことがあります。顔は笑っていても、心は笑っていない。逆に、「他人の失敗は蜜の味」ということがよくあります。この心理を逆用して、自分の失敗談やコンプレックスを自己開示の手段として使うことが効果的です。

『私はメカが苦手です。先日も、「スカイプ」の設定をｗｅｂから試みましたが、自力ではできずに人の助けを借りました。幼少の頃、親から「不器用な子」と言われ続けて、明らかにメカの扱いに対しコンプレックスがあります。メカと相対する時は緊張し、失敗のイメージをすぐに持ってしまうことが否めません。「人は裏切るがメカは裏切らない」という人がいますが、私は「メカは手順通りに進めないと正常に作動しない」というところに、可愛げのなさと杓子定規性を感じます。』

右記のコメントは、私自身の弱みを暴露した文章です。私という人間の実物は知らないけれど、なんとなく、少し身近に感じていただけたのではないでしょうか?

「ドジ」をしたら、いいネタができたと考え、会話のチャンスに「自己開示」として使ってみましょう。切り札になります。自分の弱みや短所を売りに使う例は、アントニオ猪木氏のアゴ、明石家さんま氏の出っ歯など、芸能人によく見られます。「ドジ」が多ければ多いほど、ネタには事欠かないということです。

19

なんでもかんでもうまくいくわけがない

家族や配偶者から、強烈な気づきや金科玉条の言葉を得ることがあります。自分の最も近いところにいるのですから、鋭く本質をえぐられることがあります。私がよく使う呟きに、「なんでもかんでもうまくいくわけがない」という妻の名言があります。

物事の出来不出来にも「2・6・2の法則」があると私は考えています。うまくいく比率が20%、うまくいかない比率が20%、あとの60%はその時の調子や能力・実力等によって結果が左右されるというものです。正と負のスパイラルがあり、成功確率は、20~80%の間を行ったり来たりするもの、と考えています。ところが、人間は欲張りで、うまくいき始めると、すべてがうまくいくように思ってしまいます。

私は、2008年に大手の写真メーカーを早期自主退職し、独立起業して今に至ります。第4章で紹介している「楽しく生きる法則」を実践していたおかげで、独立初期に、想定以上の成果を得ました。ツキがくると、何をやってもうまくいきます。

その当時、順風満帆と思っていた折に、2種類の外部試験を受けたことがありました。前者は国家試験であり、後者は某団体の講師養成試験でした。両方とも出来が悪かったので、情けないやら、格好悪いやらで暗澹たる気分になったものでしたが、その時に耳に入ってきたのが、「なんでもかんでもうまくいくわけがない」という妻の言葉でした。言われてみれば、全くその通りで、もっと大事な基本部分はうまくいっているのですから、一喜一憂する必要はないということです。「１つや２つ思い通りにならないことは、あった方がいい」と気持ちを即切り替えることができました。

その頃知り合った人で、１年間以上就職活動を続け、ようやく就職が決まった若者がいました。本人いわく、１００社以上受けたそうです。エントリーシートや履歴書、面接の回数だけでも驚異的な数です。まさに「不撓不屈《ふとうふくつ》」の精神で、就活者に元気を与えます。彼は、自暴自棄にならず、そのうち自分に順番が回ってくるだろう、と楽観的に考えていたそうです。「なんでもかんでもうまくいかないわけじゃない」という、逆の言葉に置き換えた思考パターンを持っていたのです。このケースは、前述の私のケースとは逆で、うまくいかないケースばかりの中でうまくいった、という光明を掴んだ例です。苦労の中から勝ち取った就職という光明の中で、その若者は嬉しさに輝いていました。

「自分の思い通りならない。それが人生」。これは私の口癖ですが、思い通りにならないことの方が、圧倒的に多いのではないでしょうか？　大概の出来事に対しては、「なんでもかんでもうまくいくわけがない」と考え、「命までとられるわけではない」と悠然と構えてみてはどうでしょうか？

マイナスを「既定条件」として捉える

私達は、生まれた時からそれぞれの環境や境遇が人それぞれであり、自分ではどうしようもない荷物を背負っています。

荷物には、一見、プラスのものとマイナスのものがあります。プラスのものとは、裕福な家、愛情豊かな養育、住みやすい場所、良い仲間の存在、頭の良さ、抜群の運動神経、容姿端麗等々です。問題はマイナスの方です。貧困（物質的マイナス）、不健康（身体的なマイナス）、孤独（精神的なマイナス）をはじめとしたあらゆる苦悩やコンプレックスをもたらすものを指します。こちらの荷物は重たく、できれば捨てていきたいと思われるものです。

ここで言いたいことは、『マイナスを「既定条件」として捉える』という考え方のことです。マイナスとは、上述のマイナスの荷物のことで、もうこれは身体の一部となって捨てられないものになっている、と考えます。

自分の境遇や環境を不幸と感じ、「文句を言う」という不満感と引き換えに、積極的に喜びを汲み取ろうという考えが持てれば、マイナスはプラスに作用する可能性があります。せっかく生きているのなら喜びを汲み取って生きる方がいいとは思いませんか？

人はみなそれぞれの荷物を持ち、デコボコな道を進んでいくしかない。デコボコの道や荷物に文句をつけるのではなく、どうやって前に進んだらいいのか、それはあなた自身にゆだねられていると考えます。

「タラ」「レバ」や、あらゆる「僻み」「妬み」「劣等感」は人間である以上、皆それぞれの中に様々な形で存在すると思うのですが、それを既定条件として受け入れることができれば、そこから前向きのエネルギーが生まれ、人生の展望が開けると思うのです。恨んだり、人と比較してコンプレックスばかりが前に出ては、プラスのエネルギーが削がれます。心にスペースがないので、想像や思いやりといった感覚は入り込む隙間がありません。

「マイナスを『既定条件』として捉える」ことができれば、前に進むためのベストアクションは何？　という課題に取り組むことができます。「身体的なマイナス」を乗り越えて自己実現を果たしている人がマスコミによく登場しますが、この人たちはこの課題をクリアしてそこにいるのです。「精神的なマイナス」「物質的なマイナス」も同じです。

世の中で成功している人を観察してみてください。マイナスは受け入れて、場合によってはプラスに変えているでしょう。プラスはありがたく頂戴すればいいし、マイナスはそれを既定条件として受け止める。背中に背負っている荷物はすべて身体の一部と受け止め、プラスもマイナスも縦横無尽に人生に活用していきましょう。

変化対応力をつけよう

2011年3月11日に、国内観測史上最大のマグニチュード9・0の東日本大震災が起きました。縦揺れが激しかった1995年の阪神・淡路大震災とは異なり、横揺れが長く続く、かつて経験したことのない地震でした。私は新宿で被災し、4時間歩いて、6時間待って、翌朝3時に帰宅しました。

東日本大震災を経験して、最も感じたのは、「変化対応力」ということです。私のその年の企業研修のテーマを「変化対応力養成講座」と銘打ち、2社で1年間継続しました。その狙いは、「指示待ちマニュアル型人間」から「提案実行能動型人間」をめざすというものです。想いとは全く無関係のところで起きる変化を素直に受け入れ、冷静にベストの精神状態で対策や対応を考え実行していく。成果物は、新しい能力開発や新ビジネスモデルの作成です。

2011年に地震に遭遇した私達は、「変化対応力」を必然的に求められました。私のように電車の復旧を待って帰宅した人、歩いて帰った人、仕事先で泊まった人、家にいたのですが子供を迎えに車で行って朝帰って来た人、まさに対応の結果は十人十色です。

一般的な考え方のプロセスは、身の安全を図る（どこにいたら安全か？）→家に帰る方法はあるか（帰れるか、帰れないのか）→（帰れそう、帰れると判断した場合）電車／タクシー／

バスを待つか、最寄りの駅まで歩くか→（帰れない、帰らないと判断した場合）どこに泊まったらいいか（カプセルホテル、ネットカフェ、カラオケルーム、会社や仕事先）。このようなプロセスを、経過時間と相談しながら検討・実行していきます。

その間、携帯の充電や食事の確保などもします。結果、うまくいった人もいれば、失敗した人もいるということです。しかし、私の知る限り、失敗と思っている人は周りにはいないという新しい発見をしました。皆、自分を信じている、ということが分かりました。これすなわち「変化対応力」です。本当に自分の身が危ないということになると、「変化対応力」は自ずと出てくるものと改めて思いました。

「変化対応力」とは？　という質問に、今の私でしたら３つにまとめます。①自分を信じる力。②冷静に状況判断を行い、楽しみながら実行する力。③変化を素直に受け入れ、新しい方法にチャレンジする力。の３点です。もう１つ、失敗してもめげることなく、物事をロングレンジで見るという資質も大事です。

不測の事態に遭遇してしまった時は、自分の対応力を信じて行動する、ということが最も大切ではないかと思います。

パニックマネジメント

人がパニックに陥る時は個人差があると思いますが、自分自身のパニックのメカニズムが掴めれば、ストレスのコントロールができるはずです。私はこれを「パニックマネジメント」と名づけました。

私の場合を例に考えてみたいと思います。私は「パニック」の素になるストレスの原因（ストレッサー）について、自己分析を進めてきました。その結果、私が大きなストレスを感じパニック状態になった時には大きく3つのパターンがあることを認識しました。

1つ目のパターンは、「健康状態に著しい赤信号がついた時」です。今まで左瞼の下にあった黒いできものが猛スピードで拡大し、直径5センチ位までの大きさになりました。「悪性黒色腫」という重篤な病気に類似していました。正月の出来事で、どこの皮膚科も休みということもあり、私は全く食欲がなくなり、すべてのことがどうでもよくなりました。結局、遠くで開いている病院を妻が見つけ、早期の治療でことなきを得ましたが、瞬間は完全なパニック状態でした。

2つ目は、「大事なものをなくした時」です。ちょっとした不注意で、車のキーを紛失しました。私にとってはこれが大きなストレスとなりました。妻がキーを家の中で探し出すまでの約1日間、精神的には不快で仕事に専念できず、パニック状態に陥っていました。また、大事にしている老眼鏡を紛失した時もひどいものでした。電車の中で座席に落ちたのに気づかず、約半日パニック状態のまま仕事を終え、帰りに最寄駅に寄ったところ、それは忘れ物として保管されていました。この2例以外に、ＳＵＩＣＡや時計など、通常使っているものがいきなりなくなるのは、私にとっては大きなダメージになるということが分かりました。もしスマホを落としたりしたら、大変なことになりそうです。私はこのパターンを「ロスト・パニック症候群」と名づけました。

３つ目は、常用している機器等の「マシーン・トラブルが発生した時」です。私の場合、このパターンも確実にパニックになります。この半年間で起きたマシーン・トラブルは、パソコンの不具合、Ｅメール機能のダウン、車の不慮の傷、スマホの不調などです。ほとんど自分で対応できないので、誰かの手を借りないと解決しないため、このパニックは元に復元するまで続きます。私はこのパターンを「メカ・パニック症候群」と名づけました。

この3つが、最近経験した主なパターンですが、よく考えてみると共通点があります。「日常当たり前の状態から逸脱した時」に私のパニック状態が始まるということです。

このようにパターンを明確にしておくと、日頃多少のトラブルが起きても、この3つの状態と比較するので、割と平然としていられます。

k1

労働環境を考える

2015年、女性新入社員が自殺するという痛ましい事件が起こりました。超一流大学を卒業し、将来を嘱望され希望を持って大手広告代理店D社に入社したものの、それも水泡に帰してしまいました。D社は1991年にも同様の事件を起こしており、今回は労働基準監督署の査察が入るという事態に発展しました。

社長の辞任にまで至ったこの事件について、「過労働が問題」とする報道がされていましたが、私は、キャリアコンサルタントという職業柄、この「過労働」に至った2つの背景も気になります。1つは、社内の（特に直属の上司との）人間関係、もう1つはD社が何故こうなってしまったのか、という2点です。

私は民間企業に35年間勤務していました。そこでわかったことは、ストレスの70％は社内の直属の上司との人間関係によるもの、ということです。どんな企業にもパワハラ上司がいるものです。その特徴は、一時的な反省をしても、時間が経つと必ず同じ行為を繰り返す「精神破壊者」になるという事実です。そして、このようなパワハラ上司はそれが理由で降格や降級にならない。明るみに出ることすらない。厳重に処罰するという社内罰則規定をつくっている会社は、ごく稀なのが実態です。

2つ目に指摘したいのは、いわゆる「企業のブラック化」です。「企業はブラックになりたくてなったのではなく、生き残るためにブラックにならざるをえない」という見方を私はしています。D社は急激な発展を遂げた日本の代表企業です。業容はどんどん拡大し、常用化し、現場の個人に多くの負担がのしかかったことでしょう。メーカーの場合でしたら、ここで「リストラ」という「人減らし」の手を使えます。飲食業でしたら、学生アルバイトや外国人の採用で人件費を抑えます。人がいることが固定的な経費増につながるので人を減らす、安い労働力を使うというのが日本の企業が取ってきた方策です。その結果、市場はリストラによる労働力が溢れ、社に残った社員の業務量は膨大に膨れ上がるのです。

まさに「やめるも地獄、残るも地獄」という世界です。D社のような広告代理店の場合は、個人の能力に頼るサービス業ですので、一律にリストラというわけにはいきません。結果として、現場の過労働を招いてしまったのではないでしょうか？　それは「企業風土」と、一言で片づけられる問題ではないはずです。民間企業は生き残るためにギリギリのところまで追い込まれています。「富の配分」や「社会的な公平感」ということを考えると、議員や公務員の数削減や必要経費、税金の使い方など「官」と「民」のギャップというところに、この議論を発展させてもいいのではないでしょうか？

責任とマネジメント

２０２０年のオリンピック自国開催に向けて、様々な問題が露呈しています。まず物議をかもしたのは、国立競技場の全面建て替え問題です。当初の予算を大幅に超過することが旧競技場解体後に表面化し、結局は首相判断で、予算のガイドライン設定と設計の見直しをすることになりました。その次は、エンブレムの問題です。デザインの盗作を疑われ、すったもんだの挙句、すべて白紙リセットとなりました。私は、この2件について、根底に流れている「責任」と「マネジメント」という2つの概念について述べてみたいと思います。

私達がよく耳にする「責任」とはいったいなんでしょう？ ウィキペディアによると「何かが起きた時、それに対して応答、対処する義務」とあります。そして、法的な責任、政治的な責任、道義的な責任があるとも解説しています。

建て替え問題が表面化した時の応答は、全く説明になっていないお粗末なものでした。入れ替わり立ち替わり、様々な立場の人が出てきて、それぞれ個別に異口同音に自分の立場を守るために必死な主張を繰り返しました。これは一般市民の目には、責任回避→保身に映ったはずです。

エンブレム問題の場合は、責任者らしき人が出てきて、そこに至った経緯を話しました。さすがに話慣れているようで、分かりやすい説明でしたが、「誰の責任か？」との問いに対して、各々の担当部門それぞれに責任があるとの答弁でした。そう言うだろう、と予想はしていたものの、なぜかキツネにつままれたような感覚を受けました。

この2つの実例には共通点があります。それは「マネジメント不在」ということです。いつ、どこで、誰が、何を、どういう具合に、なぜ、という5W1Hがつながっていない。あえてつなげてなかったのか？　その立場の人が機能していないのか？　マネジメントの職務をする人がいないのか？　全体を一気通貫で俯瞰し、予算や進捗を把握・管理し、変化に的確に対応する「ディレクター役」がいないはずはないのですが……。

「社内会議が多い→皆で渡ればこわくない」という考え方が、どうも日本人の特徴のように思えます。私の生きてきた世界においても全くマネジメントができない人のいかに多いことか。最近の我が国の弱点がここにあるように思います。太平洋戦争で負けたもっとも大きな要因はこの「マネジメント不在」にあったようです。陸と空の動きがバラバラ、作戦は刹那的で論理性がない、皆自分がOne of themと思っている、という状況です。

マネジメントを最優先の視点として課題を捉え、それを実践できる人材を、グローバルな視点から国として育てていくことが現在の国際社会で我が国が生き残っていくための最も重要な課題と思えるのです。

1m

ラミレス監督に学ぶ

私は大の野球ファンです。２０１７年のプロ野球セントラルリーグはペナントレース３位の横浜ＤｅＮＡベイスターズがクライマックスシリーズ（ＣＳ）を勝ち上がり、日本シリーズに進出しました。日本一を賭けた戦いでは、惜しくも福岡ソフトバンクホークスに敗れましたが、私はベイスターズファンのひとりとして、ＣＳとペナントレースの戦い方をじっくり見て来ました。そして、知れば知るほどラミレス監督が好きになってしまいました。彼のチーム作りと采配の中に「成功の秘訣」があると思うのです。

３つにまとめてみました。これがいわゆる「リーダーシップ」というものではないでしょうか。①人の気持ちを大切にする。②変化に際し、自論を持ち、それを実行する勇気がある。③信賞必罰で、やり直しができる世界をつくる。

①は、マスコミへのトークから分かります。「選手を信用している」「○○はよくやっている」など、彼が選手を悪く言うのを聞いたことがありません。新聞報道などで、監督の言葉を選手が知るのです。直接言われるよりも、間接的に「監督があなたのこと○○と言っていたよ」と聞くと、モチベーションが上がります。逆に「○○はもっとしっかりしないと困る」とか「○○のエラーが痛かった」という監督コメントがよくあります。監督は選手を激励するた

めのダメ出しなのでしょうが、これは逆効果です。選手のモチベーションは下がります。チームにとってはマイナスにほかなりません。

②は、試合の中で「サプライズ」という形で現れてきます。打順で投手を8番（普通は9番）に固定し、9番バッターにチャンスでの好打と、（裏の1番バッターとしての）切り込み隊長的な役割を担わせました。その結果、9番バッターの打点が群を抜いて高くなりました。また、状況により、2番と7番、3番と4番を適宜入れ替えました。最大の「サプライズ」はCSで救援に先発エースの井納投手を使ったことです。この決断は当たり、井納投手は見事に監督の期待に応えてチームを日本シリーズへ導きました。

③は、チームをよく観察することで分かります。選手も人間ですから、信じられないような失策をやらかしたり、絶不調の時があります。このような選手は、私の知る限り、即ベンチから外されているのです。ベンチ入りの選手を確認してみると、前日凡ミスをした選手がいなくなって、新しい選手が入っていることが多い。そしてラミレス監督がすごいのは、これらの選手の調子が戻ったら、ベンチに戻しているということです。機会は平等、やり直しができる世界、ということは、どれだけ選手の励みになったことでしょう。

ラミレス監督は、①～③以外に、「Our Time Is N.O.W（すべては、この時のために）」というスローガンを作り、タイムリーに選手を鼓舞しています。

1

開き直りの心

毎年1月17日になると、あの阪神・淡路大震災を思い出します。私は大阪府豊中市のマンション8階で被災しました。凄い縦揺れに見舞われ、食器が落ち割れる音が聞こえました。その時、私達夫婦は、寝ている2人の子供の上にそれぞれ覆い被さって、なんとか子供だけは助けようという行動に出ました。いま考えてみると、そんな行為はたいした効果はないのですが、身体が動きその体勢のままで、地震がおさまるのをひたすら待っていました。

東日本大震災の時は、新宿のビルの3階にいました。今度は長い横揺れです。1回目の揺れが止まった時に外に飛び出し、帰宅しようと試みましたが、いち早くJRは全面運休を決め込んでおり、私は行き場を失いました。そんな時、次の揺れが来ました。新宿駅西口駐車場の上にいたのですが、まるでサーフィンをしているような感じで新宿の高層ビルがゆらゆら揺れていました。

この2つの大地震に際し、私の気持ちの持ちようが全然違っていることに気づきました。命への執着が異なるのです。前者の場合は、命がどうこうと言っている間がありませんでした。もうどうにでもなれ、なるようにしかならない、と一瞬のうちに腹をくくったように思います。後に、私はこれが最強の精神能力である「開き直り」の精神だと思うに至りました。

一方、後者の場合は、私はここで死ぬのか、死んでたまるか、と自問自答しながら助かる道を模索していました。２つのケースの大きな相違は「命への執着心」です。物事への執着心や不安や恐怖を丸呑みにし、まな板の上の鯉になる気持ち。それが「開き直り」の心です。

阪神・淡路の時には確かにそれがあったということです。

私が真に「開き直り」の心を掴んだのは、52歳の時に大病を患った時でした。結核菌が肺を通り越して骨盤に取りつき、周りの骨を溶かしてしまうという奇病にかかりました。２回目の手術をやると言われた時、背骨が侵されているという所見があり、胴回りに鎧のようなコルセットを作り、術後３ヵ月間はそれをつけたままで寝がえりもうってはいけない、という苛酷なインフォームド・コンセントを受けました。手術の成功の可否すら分からず、私が心配したのは、車椅子の生活になり、一家を支えていくことができなくなるという恐怖でした。様々な考えが交錯し、悩ましい苦悩の日々を過ごし、手術当日の朝を迎えました。その時、なるようにしかならない、運は天にお任せという「開き直り」の心が私の中に生まれました。ストレッチャーに乗せられた時は、いい気分で前日までのモヤモヤ感がすっかり消えていました。この感覚こそが自分の求めていたものでした。

苦しみ、哀しみ、不安、葛藤などに対し、ベストのギリギリまで最善を尽くした者のみが手に入れられる最強の心。それが「開き直り」の心なのです。

1

人生無駄なものは何ひとつない

私が勤務する大学の「キャリア形成」という授業で、ゲストを呼び人生を語ってもらうという1コマがあります。ここまで、毎回お願いしているのはM先生です。学者ではなく民間会社出身で、転職、離婚、借金苦など人生の様々な辛酸をなめた経験を持つM先生を、私は尊敬してやみません。今日に至る人生軌跡を述べていただくのですが、毎回最後のまとめの言葉が学生の印象に強く残るようです。「M先生の○○の言葉が私の頭に突き刺さった」というコメントが多いのです。そんな中、学生たちに「突き刺さった」M先生の言葉で最も多いのが、「人生無駄なものは何ひとつない」という言葉です。

私達人間は、時間やお金、健康、人間関係などという本人周りの環境や制約に左右されて毎日生活をしています。そこでは必然的に、合理性やスピード、効率性などを重視した行動をとるようになります。受験生、あるいはオリンピックのアスリートを思い浮かべてみてください。「1分1秒も無駄にできない」という切迫感があります。

人は自分にとって無駄だと思うことは避ける傾向にある、ということです。しかし、社会情勢、環境など、本人が変えることができないことが実際は多い。「私はなんと無駄なことをしているのだろう」「こんなつまらない時間を過ごすのは嫌だ」「なんでいつもこうやって無駄な時間を過ごしているのだろう」などのコメントは正しく「無駄」を意識してのものです。

　私の企業人としての後半は、一見無駄の連続でした。パワハラ上司Ｓ氏との日々バトルの５年間がありました。毎日会社に行くのが嫌で、Ｓ氏への対応に神経のほとんどをすり減らし、うつ病発症寸前だったと思います。Ｓ氏のために企業人としての人生を棒に振った人が多々いました。私にとっては、もう15年ほど前のことですが、当時の苦しみははっきり覚えています。

　その後、私は会社を中途退職し、カウンセラーの道を歩むのですが、そこでこの「苦悩の５年」が役に立ちました。カウンセリングの内容で、転職希望の第１要因は「職場の人間関係」です。そして、そのうちの70％は直属の上司とのものです。私は相談者の話を聴くにつけ、自分の経験に照らし合わせることができました。正しく「あなたの気持ちは分かります」ということです。

　また、２００９年に『社内突破力』（翔泳社）という本を刊行することになったのですが、そこにはＳ氏とのバトルがなければ書けない体験が生々しく活きています。ここに至り、私は「人生無駄なものは何ひとつない」と言い切ることができます。今や、私はＳ氏との出会いに感謝さえしています。「苦悩の５年」がなければ、今日の私は間違いなくいなかったでしょう。

1p

キャリア・ヒストリー

カウンセラーの勉強会で自分のキャリア・ヒストリーを発表することになり、約4時間お話ししました。私にとっては初めての試みでしたが、特別の違和感はありませんでした。実は私の大学の授業で、ある先生に「マイ・キャリア」の発表をお願いし、進め方や資料の作り方の下地がありました。一方、カウンセリングの世界では、クライエントの過去の人生を傾聴し、そこから、今後の人生に明かりを灯すという手法が流行りそうな情勢になっていました。

この2つの流れを合わせ、私の人生をネタに、勉強会のテーマにしたというわけです。当日はカウンセリングの実践までには至りませんでしたが、後日セルフ・カウンセリングをやってみて、実は「大きな自分の幹」を発見しました。

以下私の例を披露しますので、皆さんの場合に当てはめてみてください。

それは、私の人生は3つのステージからなっていて、今、最後のステージに来ているという認識です。具体的に言うと、①「武力」に憧れた時代、②「知力UP」に傾注した時代、③「人間力」に最大の関心を向けている時代の3ステージです。

①「武力」の時代は、小学校から30歳程度までの長期にわたります。「強さの裏づけがあってこその優しさ」という言葉を常に意識していました。時代劇や西部劇などを幼少の頃から好

み、剣道や空手、プロレスといった格闘技大好き人間でした。

②「知力」の時代は、高校から52歳までです。希望大学をめざして勉強に全力投球した時代がスタートになります。この兆しは、中学の算盤の上達スピードや中３の３学期に得た勉強の成果がベースになっています。

②「人間力」の時代（その１）は、「自律力」です。35歳に、最愛の母が亡くなった年が転機になりました。人に頼る自分を追い出し、何事も自分の意見を持ち、決断ができる人間をめざして生きてきました。「人間力」の時代（その２）は、52歳から現在で、「人徳」と言われる力です。慕ってくれる人のため、困っている学生のため等に時間と体力を使っています。私は何のためにこんなことをしているのだろう、と思う時、このように「人徳」を求めていると考えると、すべて説明がつき、すっきりします。ちなみに52歳は、病気で生死をさまよった年で、最大の転機でした。

この①～③のステップを如実に表わしているのが、愛読書の『三国志』です。まず必要とされる能力は、関羽や張飛、呂布に代表される「武力」です。しかし、武力も孔明や司馬懿の「知力」にはかないません。しかし、その孔明が尊敬したのが「人徳」の劉備玄徳です。こんな想いで私は『三国志』を読んでいました。

9 事なかれ主義

最近、私の身の回りで起きた2つのショックな事件があります。

春先のある日に、女房殿と社会保険事務所に行ってきました。年金の相談です。行ってみてびっくり。大混雑です。「消えた年金」の問題は表面上沈静化し空いていると思っていたのですが、社会保険事務所は人また人でごった返していました。受付で聞いてみると、1時間半待ちとのこと。ショックな事件は、社会保険事務所の受付で起きました。

受付は年配の女性2人で対応していました。私たちが到着したとき、「ただ書類を発行してもらうだけなのに、なんでこんなに待たされるの？　相談に来たのではない。また、あの部屋は暑いので温度を下げてもらえないでしょうか？」と顔に汗を滲ませながら、切々と女性が訴えているのです。

しかし、受付2人の対応は冷淡なもので、全然取り合わない。訴えた女性があきらめて「もういいです」と言うと、受付の2人はほっとした顔をしていました。

確かにそこはとにかく暑くて息苦しい。当日は春一番が吹いたこともあり、前日とは様変わりでした。蒸し風呂みたいなので、他の人が抗議に行きましたが、全く無視されました。エアコンを調節する、調節できる人を探す、責任者に話すなど、すぐ手を打つのが普通です。まして健康面の訴えです。私たちは3時間半待って、暗澹たる思いで現場を後にしました。

２つ目の事件は、やはり女房殿とスーパーで買い物をしたときのことです。駐車場の関係で、２０００円までの買い物をしようということで、ビール等を買いレジに行くと、計算より７００円も安い。レジの計算ミスなのですが、レジ係の年配の女性は「いいですよ。こちらのミスですから……」と、いとも簡単に訂正なしで我々を通したのです。

瞬間、ラッキーと思いましたが、この人は経営者から見たらとんでもないことをしでかしているわけです。これも社会保険事務所の受付と同様に「事なかれ主義」です。後に、その場を通ってみると、売り場の責任者らしき人に叱責を受けているようでした。恐らくレジの技術が未熟なのでしょう。

仕事をするからには、ベストの仕事をする。勝手に手を抜かない。少なくとも客との接点にいる人達は「事なかれ主義」とは一線を画して欲しい。そう思ってきた私には、最近経験した２つの案件は肌寒いかぎりです。

こんなところをいい方向に変えていくことも、日本の経済の活性化につながるのでは？　と思ってしまいました。

「三国志」に学ぶ

ＮＰＯ法人でキャリアコンサルタント（以下ＣＣ）という相談業務をしておりますと、最近痛切に感じるのは、ＣＣあるいはキャリアカウンセラーという言葉が一般の方には馴染みが薄いということです。仕事仲間は「ＣＣの処遇改善をすべき」とよく言いますが、まずは世間に認知してもらう努力をすることが先決、と私は思っています。

「キャリア」という言葉は、難しいイメージがありますが、狭義には「仕事」、広義には「人生」ということです。私の所属するＮＰＯでは、今までの狭いイメージを変えて新たな視点によるＣＣ活動を展開しております。その目玉として、２０１８年2月に横浜で「文学&歴史に学ぶ！　幸せなキャリアの築き方」というセミナーを行いました。『働く文学』という本の著者奥憲太氏による基調講演に続き、人気のあるテーマ「江戸大奥・絵島　逆境からの再起」「ビートルズで考えるキャリアアップ」「三国志　蜀の建国に学ぶ」の3話のセミナーが続きました。私は、「三国志」を担当しました。私は実は「三国志オタク」で、過去、三国志という名のつくものすべてに手を出してきたつもりです。吉川英治氏の長編は8回読みましたし、横山光輝氏の漫画、ＮＨＫの人形劇、コーエーの三国志のゲーム、ドラマ『三国志　Three Kingdoms』等々、きりがありません。私の行動の中には三国志が息づいています。

今回セミナーを引き受けるにあたっては、今までの知識の蓄積だけでは不十分なため、新たな情報を必要としました。具体的な年代、当時の社会の仕組み、裏話等々、この際調べておきたいことが多々ありました。そのため、『三国志新聞』（日本文芸社）をはじめとして、関連書物のよさそうなものを購入し、新たな情報注入を行いました。

その中で面白かったのは、三国志に出てくる武将の「しくじりの人生」を描いた本、『三国志からリーダーの生き方を学ぶ』（宇山卓栄著／三笠書房）でした。世に完璧な人は存在せず、どこでしくじったかを著者の解釈で分析しています。しくじりの原因が8つ。「プライド・慢心」「強欲」「裏切り」「身内争い・仲間割れ」「思想・信念」「不運」「準備不足」「戦略」です。他にもしくじりの原因は様々あるとは思いますが、この8パターンは言い得て妙です。劉備はこの中で「戦略でしくじった」と分類されていますが、私は「仁義に厚い人間愛の人」としてセミナーでは説明したのでした。人それぞれで、どう捉えるかは自由なので、劉備については「人徳はあるが武力も知力も今ひとつの人」「孔明を頼りに優柔不断で自分で決断できない人」「特筆すべき才能もなくひとりでは何もできない人」等々、様々な捉え方があるでしょう。

このように、人生の転機、価値観、自己理解、他者理解などを一緒に考える「キャリアの専門家」――それがCCです。

大きな挫折の経験

２０１８年の平昌オリンピックをＴＶで観ていて、最初に３つのメダルが取れた日、私が感じたことと同じことがＳ新聞のコラムに書かれていました。それはその年の2月、横浜における自主企画「文学&歴史に学ぶ！　幸せなキャリアの築き方」セミナーの集客と準備から得た感覚と同じものでした。私以外に同じような見方をする人がいるようです。

以下、Ｓ新聞のコメントです。「３選手には共通点がある。ＴＭ選手は前回大会で代表選考からもれた。金メダル確実といわれたＴＳ選手は4位に終わった。Ｈ選手はライバルの陰に隠れていた。皆大きな挫折を経験している」と。

私の所属するＮＰＯは70名程度の少人数から成り立ち、県からの委託事業でこの10年あまり運営してきました。しかし旧態然としたあり方では今の世の波にそぐわないと判断し、体質を変えるべく自主企画を打ち出しました。その第1弾が前述のセミナーでした。自主企画なので、県の公的なサポートは得られず、メディアを使った有料広報もできない状態。ゼロからのスタートでした。そんな中で、最も問題となる集客の面では目標の１００名超の参加をいただき、評判も上々。自主企画は大成功となりました。小組織が最も苦戦しているこの集客プロモーションという分野で結果を出すことができました。

この大きな成功要因は「人」でした。この準備運営には3人が自主的に動いてくれました。他の多くの会員は「深入りせずにお手並み拝見」という評論家的なスタンスでした。

チャレンジを成功させるのは、メンバーの能力、経験、モチベーションなどが大事な要因としてあげられますが、いつも私が注目するのは「人間性」と「人間関係」です。

全体のマネジメントを行い現場力と俯瞰力を持ち合わせたスーパーウーマンのS氏、ターゲットが明確になれば唯一無比の突破力を発揮するT氏、ポジティブに人の嫌がることを引き受け気配りと柔軟な対応力を持つU氏の3人が今回の主役でした。互いに尊重し合い、役割責任を果たし、挫折した時には励まし合う素晴らしい仲間でした。

なぜ気持ちよくいい仕事ができるのだろう、と考えた時、私は4人の共通点に気づきました。それは皆がここまでで大きな挫折を経験してきた「苦労人」であるということです。命にかかわる大病、難病、セクハラ、転職、離婚、ひとり親などの挫折経験者です。苦労人は評論家や傍観者ではなく当事者になってくれます。信頼ができ、本質を見極めることができるこのような人達と仕事ができることが最高の幸せと感じました。

いい仕事をするにはいい仲間が必要、いい仲間探しは「どんな苦労をした人？」という「人を視る目」を頼りにする。少なくとも私の周囲ではこの想いは間違っていないと思うのです。

1

感謝と感動を意識して生きる

私が常々意識していることがあります。それは、「感謝」の心と「感動」の心を意識しながら日々を過ごす、ということです。

私は、今こうして生きている、天から生かされているということに対して、「感謝」の心を持って、「ありがとう」と言いつつ、日々生きています。清々しい感情を大事にし、些細なことは気にせず、他人のいいところを見つめている自分がいます。

「感謝」の心は、「ありがとう」と素直に言える自分です。感謝を伝えるということは、相手を認めるポジティブな表現です。「ありがとう」と言われる人間になることを目標に生きている人がいます。世の中に背を向けていた学生が、「親にありがとうが言える自分」を意識した瞬間から、呪縛より解放されました。

私は以前、大病を患い1年ほど闘病生活を経験しました。その時、手に入れた感覚が「当たり前への感謝」です。健康、生活、家族、家、会社、仲間など、いつも当たり前と思っていたことが、感謝の心を感じた瞬間から燦々と光り出しました。普通に生きていけることに「大感謝」です。私は人と会う時に、その人に対する感謝の場面を思い出してから、当人と会うことにしています。

もう1つの「感動」は、この場に居合わせてよかった、気持ちに「喝」が入った、えも言えぬ満たされた気分になった等々、様々な言葉で表現されます。スポーツ、イベント、自然、人の行動・言葉など、私達の周りには感動に値する事柄が多々あります。人の反応は十人十色ですが、私は、感動のない人生は考えられない、感動すること自体が「生の証し」と思っています。感動は、生きていてよかった、という肯定的な人生観に直接つながります。また、新しい感動は新たな自分を発見することにもつながります。合理主義や効率主義への偏重しすぎのせいか、些細なことでは感動しない人が多い、というのが最近の私の印象です。ですから、感動を表現する人に会うと嬉しく感じます。

感謝と感動で1日を満杯にする、というのが私の理想です。感謝・感動の心は日々意識することで伸ばすことができます。そのために私は、日々の感謝と感動を手帳にメモしています。口に出して他人に話すか、文字にするか、具体的な行動にしてみて、初めて感謝と感動を自分のものにした、という気がしています。

1人ひとりの持ち時間が有限である（1日は24時間しかありません）と認識した時、感謝と感動の時間を多く過ごす方がいいとは、思いませんか？　それが人間としてのプラスのオーラを出すことにもつながってくるから不思議です。

まとめ 1

「過去」はあなたにとって重大な意味を持ちます。自分という存在と過去は切っても切り離せません。今ここに自分がいるのは過去があるからです。「キャリア」という言葉から連想されるのは、過去の経歴や経験、スキル等ですが、①で自分史を振り返ってみてどうでしたでしょう。

②では、過去の思い出をQ１からQ５まで聞きました。あなたの現在の基本的な考え方の「根っこ」に相当する部分が見つかりませんでしたか？

自分史とも併せて、その結果を自分の中で分析してみてください。あなた自身の「自己概念」や「職業興味」「人生を支配している情緒」等に気づきがあれば幸いです。

第2章

現在を「見える化」しよう

2

感情への問いかけを整理する

人は「いま私は何を感じているのだろうか？」と自分の感情に問いを発することができます。物事を認識するとすぐに湧いてくるのが「感情」です。いわゆる「喜怒哀楽」です。その感情を自分の中でどう処理するか、どう行動にしていくか、という部分で介在するのが「思考」です。この感情と思考と行動というトライアングルの決め手になるのが、ここで説明する「4M3K大作戦」と「RESPECT」という視点です。様々な感情や思考が錯綜するとき、まずは内容を整理し、現在の自分を確認するところから、自己理解を深めていきましょう。

！〈知っておこう〉

人には内面と外面の2面性があり、往々にして、それは真逆のことも多いものです。強面の人がいい人であったり、善人風のニコニコ大人がとんでもない犯罪者だったり、人は第1印象では計り知れないものがあります。しかしいざ何か行動を起こすとなると、その内面が行動に大きく影響を及ぼすことが分かります。すなわち内面が良い状態であればそれが「GOOD JOB」につながるということになります。私はここに着目し、人のやる気「モチベーション」を軸に、自分の現在を分析・展望する手法を提唱しています。

何かを成すときに最も大事な要素のひとつは「モチベーション」（以下Mと略す）であり、そこには「見えるM（外面）」と「見えないM（内面）」があります。

「見えるM」は「やる気がある」とか「プラスのオーラが出ている」などといわれ、「行動」（Movement）や「マネジメント」（Management）にすぐつながります。

一方「見えないM」の根幹を成しているのが「メンタル面」（Mental Foundation）です。私は人の行動やマネジメントの成否や大小、強弱はこの「メンタル面」によってほとんどが決まると考え、Movement, Management, Motivation と合わせてこれを「４M大作戦」と名づけました。

そしてベースになる「メンタル面」の部分で、特に気にしなければならないのが「３K」で

4M大作戦と、メンタル面にかかわる3Kとの関係

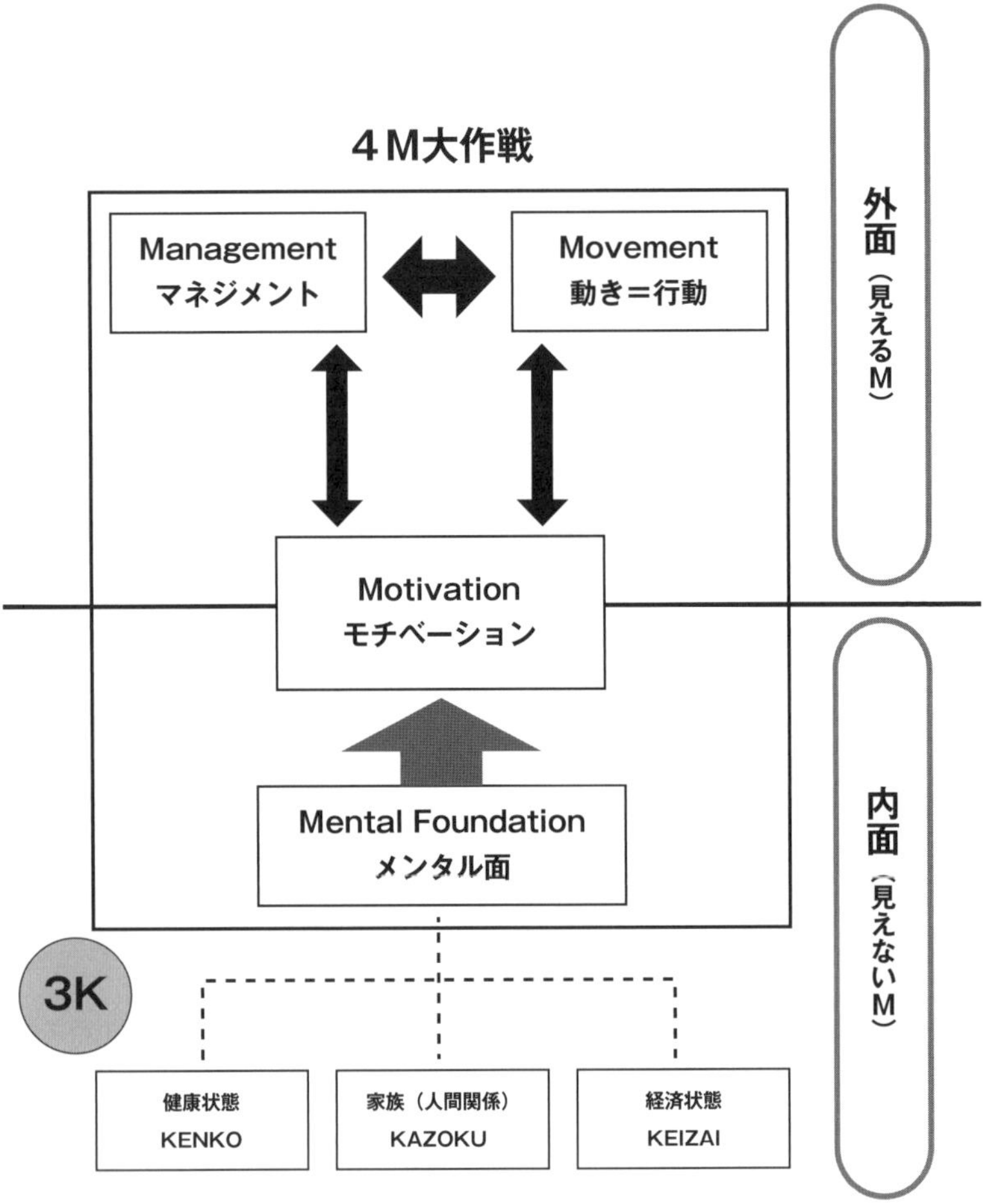

す。３Ｋとは、「健康」「家族」「経済状態」の３つです。「健康」の反対語は「病気」。「家族」など人間関係がうまくいかないと「孤独」に、「経済状態」に困窮すると「貧乏」になります。この３Ｋが人のメンタル面の基盤になると私は考えており、統合して「４Ｍ３Ｋ大作戦」としました。

というわけで、まずは自分の３Ｋについてチェックを入れてみてください。

３Ｋに大きな問題があると、根本問題は解決されないということになります。その場合は、なにはともあれ、３Ｋ対策に全精力をつぎ込むべきと私は考えています。

次に必要になってくるのが「ワークライフバランス」です。私は、詳しくはこの章の【コラム２b】で紹介する「ＲＥＳＰＥＣＴ」という視点を使ってセルフチェックされることをお勧めします。

★〈やってみよう〉

①　自分の３Ｋの状態を確認する。
②　ＲＥＳＰＥＣＴのバランスをチェックする。

① 次の３つの要素について、あなたの現状を確認してください。

健康状態（KENKO）
家族（人間関係）（KAZOKU）
経済状態（KEIZAI）

② 次の７つのポイントを振り返って、
バランスを考えてみてください。

Rest ・・・・・・・ 休養はとれていますか？

Economy ・・・・・・・ 経済（仕事）の問題と課題は何ですか？

Study ・・・・・・・ 最近学び得たことはありますか？

Play ・・・・・・・ 趣味を楽しんでいますか？

Exercise ・・・・・・・ 適度な運動はできていますか？

Communication ・・・・ 人間関係の問題について

Taste ・・・・・・・ 今の人生を楽しめていますか？

★〈やってみよう〉のまとめはＰ112

キャリアデザインのヒント 2

2

やる気を引き出す4M大作戦

仕事や家事をやる気がしない、人と会う気がしない、などの気持ちになることは誰でもあると思います。しかし、そうは思いつつもヨッコラショという感じで重い腰を上げて、しなくてはいけないことをする。このように、「人が何かをしようというやる気」のことを、「モチベーション」(Motivation)と言います。目標の達成や新たなチャレンジという行為に必要なのは高いモチベーションです。そして、モチベーションは浮き沈みを繰り返しています。

このモチベーションを上げるために有効な、私が提唱している人材開発における「4つのM」と、それを組み合わせた「4M大作戦」を紹介いたします。

4M大作戦は、日常生活においても十分な機能を発揮するものです。

4つのMとは、生活基盤(Mental Foundation)、やる気(Motivation)、マネジメント(Management)、動き=行動(Movement)の略です。ベースになる2つのM「生活基盤」「やる気」(Mental Foundation, Motivation)を充実させることが、外部から見える2つのM「マネジメント」「動き=行動」(Management, Movement)の良し悪しにつながる、という考え方です。心の奥に存在し、モチベーションの基になるメンタル・ファウンデーションは、生活の基盤となる「3K」(健康、家族、経済)の状態を見ていきます。健康や家族に心配事があったり、家計が経済的に苦しい状態にあると、モチベーションは上がりません。

まずメンタル・ファウンデーション（３Ｋ＝健康、家族、経済）をセルフチェックしてみてください。そこでなんらかのストレスの存在に気がつけば、まずその部分を良くする、変える、対策するなどに全力をあげることを最重視します。

表に出るムーブメントばかりにとらわれず、自分のモチベーションの状態を測定し、内面のメンタル・ファウンデーションに目を向けること、４つのＭは単独では存在しない、ということです。１つの面のみから見ていると本質が把握・整理できていないため、トラブルが起きた時は原因が分からず右往左往してしまうのが常です。

「メンタル・ファウンデーションは、生活の基盤」という視点。「モチベーションは士気」という視点です。４Ｍ大作戦は、人が活躍する様々な分野でベースになる視点を提供するもので、応用範囲が広いと思っています。メンタル・ファウンデーションの視点で自分や他人を見直してみると思いもかけないところに新しい発見があるかもしれません。

４Ｍ大作戦は、マーケティングの４Ｐ（Product, Price, Place, Promotion）や、４Ｃ（Customer value, Customer cost, Communication, Convenience）というマーケティング・ミックスの見方の応用であり、私はこれを、「４Ｍマーケティング・ミックス」と言っています。

RESPECTの法則

心の奥に存在するメンタル・ファウンデーションの「３Ｋ」（健康、家族、経済）という基盤の上で、その次に人の日常生活を左右する重要素は何だろう、と考えた時に、私は以下の７つの要素が大事と思っています。その頭文字をとって「ＲＥＳＰＥＣＴ」と銘打ちました。人の不安や満足の指標として、使えると考えています。

ＲＥＳＰＥＣＴの最初の「Ｒ」は「Rest」で、休息という意味です。人は休息がなければ生きていけない。がんばるためにはどうしても休息が必要です。仕事をしていて休暇や連休にうきうきしたことは皆さんあるでしょう。エンドレスで休みなしでは人は心身ともにまいってしまいます。「Ｅ」は「Economy」です。働いてお金を得る経済活動、すなわち仕事を示しています。生存から自己実現まで仕事の目的はそれぞれですが、人は仕事なしでは生きていけない。仕事を失うのは深刻な問題です。そして、１日のうちで最も多いのが仕事をしている時間です。「Ｓ」は「Study」で、向上心に裏打ちされた学習や勉強のことです。学生時代にもっと勉強しておけばよかった、と思う人は多いでしょう。カルチャースクールが繁盛していたり、各地で様々な勉強会が百花繚乱です。楽器の演奏やアスリートのスキルアップなどもこの分類に入れます。何か目標をもってコツコツ勉強を継続することに生きがいを持っている人もいます。「P」は「Play」で、文字通り遊びです。遊び心は人に潤いと魅力を与えます。私の知っている人生の達人は、遊びを最優先します。先に遊びのスケジュールを入れて、その後に仕事の予定を入れます。竹のしなやかさを見れば分かる通り、すべての物事には適度な遊びがないと、最後は折れてしまいます。車のハンドルで分かるように、少し遊びがあるからこそ、パワーが発揮できるのです。「E」は「Exercise」で、すなわち運動です。適度な運動は人体を活性化します。還暦を過ぎて、日々テニスをしている人は皆健康そのもので人生を謳歌しています。気分転換の有力手段でもあります。「C」は「Communication」です。人はひとりでは生きていけません。他人と様々な形で接触しながら、凸凹の道を歩いていきます。ストレスの70%は、コミュニケーション不良が原因です。他人から承認されたり認められたら嬉しくなるし、怒られたり批判されれば落ち込んでしまうのが人間です。ひとりでいたい時もありますが、生活のほとんどは人間関係の中に存在しています。

最後の「T」は「Taste」。味わう力です。見る、聞く、嗅ぐ、食べる、飲む、排泄するといった快感を伴う本能的な力です。おいしい食事、いい音楽などは、人としてなくてはならない「楽しみ」ではないでしょうか？　その楽しみの源が「Taste」なのです。

「RESPECTの法則」を使う

「RESPECTの法則」について、その使い方を考えてみます。

もともとこの背景には、私自身の気持ちの分析があります。私は、「3K」(健康、家族、経済)が満たされているにもかかわらず、なぜか日々に満足できない、物足りない、という感覚があることにある日気づきました。人生バラ色に見えたり、光燦々と輝いて見えたり、満足のいく日々があっても、それは長く続きません。いい状態が当たり前になってしまい、次のものを求めている新しい自分がいるのです。1つの目標を達成し次をめざす、という「レベルアップ感覚」とはちょっと違う「物足りなさのような感覚」です。人の欲望は果てがない、と言いますが、それに似ているかもしれません。私は「何が物足りないのか?」「何が不足しているのか?」という自分の感覚を分析してみた結果、このRESPECTの法則に到達しました。現状に何か満たされない人の自己分析手法です。

「R=休息(Rest)」「E=仕事(Economy)」「S=勉強(Study)」「P=遊び(Play)」「E=運動(Exercise)」「C=コミュニケーション(Communication)」「T=快感(Taste)」の7つがバランスよく機能すると、人は元気になります。バランスが悪いと人は不安になったり、憂鬱になったり、自信喪失になったりします。人が生活の基盤を維持するための緊張状態を司る交感神経にかかわるのが３K、ゆったりした時に気分を落ちつかせる副交感神経にかかわるのがRESPECTと考えます。以下、ここまでで分かった主なことを記します。

★１つのことばかりしている状態が続いても、終了の時期が分かっていれば耐えられる。

★１つのことばかりしていると、これでいいのか？　という不安が募る（客観的な事実なのか、思い込みなのかを明確にすることで対策可）。

★RESPECTの項目は、２つないし３つがダブって現れる。たとえば、囲碁や将棋で強くなりたいと思っている人は、PとSが、スポーツのアスリートならEとS。楽器の練習や釣りなどはPとSとEという具合。そしてCはすべてにからんでいる。

★バランスよくほどほどにやっているのが普通の場合は満足度が高い。

RESPECTは、環境や行動範囲を確認する「自己理解ツール」です。７つの項目をスキャニングして、様々な側面を抽出します。その結果を総合したものが「生活力」です。

他人から相談を受けた時、初対面の人との簡単な話題作り、医者や弁護士に必要な、患者や依頼者の状況把握などに使えるでしょう。聞き終わった時には、相手の「生活力」が手に取るように分かるようになっています。私はカウンセリングをする時に、抜けがないかを確認しながら、関連的に質問するようにしています。

d2

感情を大切に

人には様々な感情が湧出します。「喜怒哀楽」以外にも、心配する、もやもやする、どうしていいか分からない、悲しみと怒りの錯綜、やる気がなくなる、悩む、苦しむ、怖いなど、すべて感情を表現した言葉です。感情があるからこそ人間といえるのですが、人間特有の感情のもつれは人間関係の最大の障害になります。

自分の感情に気づくこと。それは、「危機的な状況での冷静な行動」と「ストレスに強いメンタル不全対策」に集約されます。この2つは変化の激しい今の世の中で、生きるための大事な武器となります。

現在のあなたの気分の状態を「快」と「不快」に分けて、マイナス5からプラス5までの目盛りで示した場合、気分はどこの目盛りを指しますか？「快」の方に目盛りが振れればいいのですが、問題は「不快」の方に振れた場合です。そして、「不快」の状態が一時的でしたらよいのですが、長くこの状態が続くと、人はメンタル不全に陥ってしまいます。風邪が長く続いてこじらせて肺炎になってしまった、という状態です。逆に言えば、「快」の状態でいる時間を長く保つ、ということが、心の健康を保つ秘訣ということになります。

「不快」な状態、ここでは「怒」と「哀」について、「不快」から「快」に切り替えるスイッチについて考えてみましょう。

「怒り」は最も分かりやすい感情です。我々は聖人君子ではありませんから、「怒り」の感情は日々湧いてきます。問題は、怒りを感じた後の行動、そしてマインドのコントロールをどうするか、ということです。私は、常々「人は怒りを感じた時には怒るべきだ」と言い続けてきました。仕事でミスを犯した部下を怒れない上司など、怒れない人が増えています。私の場合「怒り」を感じたら、行動する前に一拍置いてから行動するようにしています。これがスイッチです。スイッチが切り替わると「論理的に怒る」ことができるようになりました。これが愛のある「叱る」という行為です。

「哀しみ」については、水島広子先生の「対人関係療法」でいう「悲哀」を取り上げてみましょう。大切な人生の伴侶を失った場合にたどる心のあり方について、当たり前の感情を受け入れ、ちゃんと悲しめる自分がいることで、人は立ち直ると解説されています。この場合、時間をかけた自然治癒というのも立派なスイッチです。焦らないことがキーとなります。

「哀しみ」はあるものの、人間は一所に留まっていては生きていけません。「喜」や「楽」の状態ならいいのですが、「怒」や「哀」などの「不快」な状態からどうやって抜け出すのか？　自分の中にどんな「快」へのスイッチがあるのか、それをまずは掴んでください。そのために、自分の感情と正直に向き合うことが必要なのです。

2

e

「怒り」をコントロールする

通り魔事件など、無関係の人が凶悪犯罪に巻き込まれてしまうという信じられない事件が起きると、犯人は「ムシャクシャしてやった。相手は誰でもよかった」といったことをコメントします。被害者はたまたま現場に居合わせて運が悪かったということになります。誰でもムシャクシャすることはありますが、通常は、「感情」から「行動」に至る間に、「思考」というブレーキがかかります。

「感情」の中で、最も周囲を疲弊させ迷惑なのが「怒り」です。ムシャクシャという「感情」も「怒り」が原因となっている場合が多い。「怒り」を感じたら、あなたはどうしますか？

典型的な2つのタイプを考えてみます。1つ目は、「怒り」の感情がすぐに行動につながるタイプ。「思考」は無視され、「怒り」を示す言葉と態度が即表面化します。瞬間湯沸し器みたいなものです。口から発せられた「怒り」は一人歩きをし、どんどんエスカレートし、当初は思ってもいなかった大きな拳となって振り下ろす先を探し始めます。この場合、「怒り」をコントロールする方法は唯ひとつ、「思考」の回路につなげることです。口に出す前に、「ひと呼吸おく」「怒りの原因について考える」「別の視点より見つめ直す」「プラスに置き変わるかどうか考える」など、「思考」というフィルターにまずはかけてみる。その後、言葉と行動を決める。「怒り」を感じながら、冷静に想いを相手に伝えることがWin-Winの人間関係をつくります。

２つ目は、「怒り」の感情を自分の中で抹殺してしまうタイプ。何で怒らないのでしょう？人は怒るべき時に怒らないとストレスが溜まり、様々な場面で歪みが生じます。企業の中で、部下を叱れない上司が増えています。失敗しても上司から怒られないというのでは、部下は育ちません。「怒り」を感じていても、「私は怒っている」という気持ちを相手に伝えていないというケースが多い。「思考」から抜け出せないのか、勇気がないのか、事を荒立てるのを回避する傾向なのか、様々な理由が考えられます。ですが、怒るべき時に怒らないというのでは、コミュニケーションは成立しません。この場合は、「怒り」の感情に気づくことが最大のポイントです。それさえできれば、あとは「私は怒っている」と言いながら、いつもの冷静な調子で話をすることで強みが生きます。「怒り」の感情に気づくことと、それを外に示そうと意図することが、このタイプには必要です。

「怒り」の感情をコントロールするには、①行動直結型の人は、思考というフィルターにかける。②思考直結型の人は、自分の感情を大事にし外に出す。大まかにこの両極の2点に集約されるように思います。

アンガーマネジメント

世の中には色々な人がいます。その様々な感情の中で人によって顕著に違いが出るのが「怒り」です。これがまた厄介で、「怒り」にかられた行動は、時に致命傷になることがあります。この「怒り」をコントロールする「アンガーマネジメント」について述べてみようと思います。

「アンガーマネジメント」は、ストレスの受け取め方のマネジメントであり、その定義は「後悔しないこと」ということになっています。その場の怒りに任せて怒り、後で冷静になって考えた時に、後悔の念が出るのであれば、それはマイナス影響です。怒りが必要な時もありますが、不毛な怒りはコントロールしたいと思うのは万民の願いだと思うのです。

「アンガーマネジメント」では、怒りを強さ、持続性、頻度の3つの視点から分析します。最高を10点として「見える化」すると、対象者の特徴が見えてきます。そして「怒り」は、「心のコップ」が一杯になると溢れて外に飛び出す「第二次感情」とされます。そう考えると、これをコントロールするために必要なのは、①心のコップの容量を増やす、②入っている水を抜く、という2点になります。

怒りのコントロールのための方法が、3つの視点から示されています。

１つ目は「衝動のコントロール」です。イラっときた時に6秒、心の中でカウントする。「怒りノート」を作ったり、イライラした時にその程度を温度（たとえば最高10度とか）として認識したり、という手法を使います。怒りのピークを避ける、何かに書く、何かに置き換えることで「感情が収まる」というのは、カウンセリングの手法と同じといえます。

２つ目は「思考のコントロール」です。「怒り」の裏には、「○○すべき」「○○ねばならない」というものいわゆる「ＭＵＳＴ＝べき論」が存在しているとされています。この「べき」の境界線を広げる。すなわち許容範囲を広げるという努力が必要ということです。「まあいいか」と思えるかどうかがポイントのようです。

３つ目は「行動のコントロール」です。ここでは、状況や環境を変えられるか、コントロールできるかどうかを分析します。そして重要度をつけていくのですが、イライラしていたことが、意外と重要でないということにも気づけばしめたものです。ここでの分析は「思い込み」を発見するということにもつながっていきます。

イラっときた時に、すぐに行動しない。自分の中で自問自答する時間を持ち、怒りのピークを避ける。これだけでもできれば、「売り言葉に買い言葉」という具合に「瞬間湯沸かし器」のように心にもないことを勢いで口走ってしまい、後で不愉快な思いを互いに持つような人生とはおさらばできるでしょう。

29

「哀しみ」はコントロールしない

私たちは「哀しみ」という感情には、どう対処したらいいのでしょうか？

夫が急死した時に、気丈に振る舞い毅然としている妻がいたとします。

他人からは「たいしたものだ」とか、「さすが○○さんは強い」などと称賛の声が上がります。その部分の否定はしませんが、もう少し深く考えてみましょう。

「哀しみ」を押し殺して平静を装っているとしたら、傷口の表面に蓋をしているとしたら、中で傷口は膿んでしまいます。「哀しんでなどいられない」とか、「人は強くなければならない」などと、「当たり前の感情」に蓋をすると、それは積もり積もって、いつしか大きなストレスとなり、心を病んでしまうのです。

夫が急死した場合の妻の心の変化は、次のようなものです。「信じられない」という否定の気持ち→哀しみ→悲嘆→絶望（怒りなど他の感情も交錯する）→落ち着き（哀しみは続くが心が開く状態）となります。このプロセスのように、「当たり前の感情を受け入れる」ことが、心を健全に維持するために最も重要です。泣きたい時は思いっきり泣けばいい。然る後に上記のプロセスをたどって、初めて元に戻ってくるのですから、時間はかかります。2～3日で立ち直る人もいれば、1～2年かかる人もいます。もし、あなたの周りにこのような人がいたら、今どのプロセスにいるのか、ということを考えながら、温かく見守ってあげてください。不運にもあなた自身が不幸に遭遇したのなら、思いっきり気のすむまで、哀しんでください。哀しい時は、哀しいと感じる自分を大切にしてあげてください。

「哀しみ」をコントロールすることは、「非合理的信念」と私は考えています。「非合理的信念」とは、人は「〇〇すべきである」「〇〇せねばならない」という考え方です。それはいい方に作用すると、本人に思いもかけない大きなエネルギーを与えます。しかし、変化が起きて対応しなければならない時に足を引っ張ります。時には、呪縛のように人を縛ってしまいます。たとえば、「人は自立心を持つことが大事」と言われたことを、「自立心を得るためには、人の助けをあてにしてはならない」と解釈すると、他人に相談すること自体がやってはいけないことになります。これだけ情報量豊富なＩＴ時代に生き残るには、自分の狭い考えだけではなく、他人の助けを求める力は大きな武器になります。前述の自立心に対する考え方では、世の流れについていけない、ということになります。

哀しい時は、「哀しみ」をコントロールせずに、気のすむまで素の感情と付き合ってください。

h2

色を大切にする

何気なく私たちの周りに存在する「色」がいかに影響を与えているかについて、考えてみたいと思います。あなたは「色」について、どの程度、気を使っていますか？

人には、好きな「色」と嫌いな「色」があるはずです。一般的には、緑は癒し、青は冷静沈着、黄は裕福を表すなどといわれています。中国では、赤は縁起がいい、黒は不吉な色とされています。還暦に着る赤服、黒い礼服。紅白の饅頭。いくらでも例がありますが、ここで申し上げたいのは、「あなたはどんな色が好きですか？・」ということです。

様々な「色」を目にして何を感じるか、自問自答してみてください。好きな色を好んで身に着ける、自分の調子が悪い時には好きな色にこだわる、好きな色があるところに行ってみるなどの行為が、その人を「負のスパイラル」から助けてくれることがよくあるのです。自分の好きな「色」を見ていると、脳が活性化し、ポジティブになりモチベーションが上がる自分を感じたことはないでしょうか？「いい色」だという認識は、「快」の感覚を脳に伝え、物事の見方をネガティブからポジティブに変えてくれるのです。

人にはそれぞれフィットする色があります。その色をまずは見つけてください。同じ色でも、微妙に違います。同じ赤でも、鮮やかな赤もあれば、臙脂色やワインレッドと呼ばれる色もあります。緑では、深緑もあれば、黄緑もある、モスグリーンもあります。自分の好きな色を見つけたら、身の回りのものを順次揃えてみましょう。そして、大事な場面で、その色を使ってみてください。うまくいく頻度が増すはずです。

私の場合は、１に橙、２に黄緑、３に黄、としています。橙は健全なやる気、黄緑は落ち着いたワクワク感、黄は気分転換という感じで、「カラー」の効用を生活の中に取り入れています。

鮮やかな紺やパステル風の空色、ワインレッド、ピンク系の色、場合によってはシャンパン・ゴールドなども、ＴＰＯによって使い分けます。黒と灰色はあまり使いません。

私はこのカラーの効用の現象に気づいてから、意識して色を使い分けていました。

この現象は、「カラー・セラピー」とネーミングされ、多数の本が出版されています。色の効用にいちはやく気づいて、運を引き寄せている人たちが多々いるということではないでしょうか。

i2

変化を受け入れる

「諸行無常」の言葉どおり、世は移り変わり、いつの間にか常識や慣習が変わったりしていることに気がつきます。「お変わりありませんか？」という社交辞令がありますが、これは人が変化を好まない傾向があることを示しているように思います。

「お盆」という我が国の一大イベントを例にとって、「時代の流れ」を見てみましょう。

「お盆」は祖先の霊を祀る日本古来の行事です。8月の「お盆休み」には親戚縁者が集まり、先祖の墓参りをし、皆で会食しながら歓談します。この時期、日本人の大移動で高速道路の渋滞が頻繁に起きるのはこのためです。実家では年1回のイベントなので、おばあちゃんが腕によりをかけて手料理を振る舞う、という構図が日本各地で見られるはずです。孫たちとの時間を楽しく過ごそうと張り切ります。その結果、台所に立ちっぱなしでフラフラになったり、抱っこをねだられ腰を痛めたり、プールに連れて行って熱中症になったり、ただでさえ体調を崩しやすい真夏に、思わぬ身体の異変に見舞われたりします。

と、ここまでは昔も今も程度の差こそあれ、各家庭で起きていた現象でしょう。

ここでは、この現象を「孫疲れ」と呼びます。最近、祖父母らにとってシビアになってきたのが、「孫疲れ」の原因に経済問題が加わってきたという変化です。ある調査によると、祖父母のお盆時の出費は平均で5万円弱だそうです。さらに、実家までの交通費を祖父母に出させたり、孫にあげるお年玉のような「お盆玉」というものまであると聞いています。年金暮らしをしている祖父母にとっては、決して安い出費ではないでしょう。可愛い孫のために、祖父母が文字通り「身銭を切っている」という実態があるのです。

昔は、子供たちが酒や食材を持ち寄ったりして、なるべく祖父母に負担をかけないように配慮していたように思います。今の子供世代は「親は高度経済成長世代だから、相応の負担をかけてもよい。孫のためにお金を使うのは嬉しいはず」という感覚ではないでしょうか？　一方、祖父母側は「自分が経験した貧しい嫌な思いを子や孫にさせたくない」と思っています。ここに「当たり前のように親に依存する子供世代」と「子や孫を甘やかす祖父母世代」という変化の構図が出来上がってしまったのです。

祖父母世代は、おじいちゃんおばあちゃんが亡くなっているケースが多く、経済的な恩恵を親からはほとんど受けていません。そのため、今の子や孫の気持ちを理解しないまま、嫌われたくない一心で言うことを聞くのです。　子供夫婦と気まずくなり、孫も足が遠のき、後悔の日々を送ることになることを怖れます。

「諸行無常」の世の中の変化に気づき、はねつけたり反論したりせずに、まずは受け入れる姿勢を持つことが、「子や孫に好かれる人」になるために必要と私は思うのです。

i 2

あなたは守られていますか？

スポーツ界における不祥事が目につきます。アマチュアレスリング監督の選手へのパワハラ、大学アメフト部の試合中の悪質な反則行為が明るみに出ました。私はこれらの報道を聞くにつけ、最近参加したある研修の講師の言葉を思い出しました。

よくカウンセリングの冒頭、「この場は秘守義務で守られていますので何をおっしゃっても大丈夫です」とカウンセラーが言います。しかしカウンセリングの初期段階では、相談者は「このカウンセラーは信用していいのだろうか？」という疑心暗鬼な気持ちで臨んでいることが多いと思います。それが、話をしていくうちに、「何を言っても大丈夫」という信頼関係が構築されていくものです。この「大丈夫」という感覚が、すなわち「私はここでは守られている」という心地よい自覚と安心感につながっていきます。

レスリング選手の場合は、監督の「パワハラ」でした。本来、監督やコーチは選手に寄り添う最良の伴走パートナーであるべきでしょう。どこまでいっても味方でありプラスの影響を与えるはずの者が、最大のマイナスとなる「パワハラ」を行っているとすると、選手の精神的なダメージは計り知れないものがあります。選手は「守られるべき所で守られていなかった」のです。「パワハラ」は、ある特定の人しか出入りできない密室の中、そして閉鎖的な組織の中で行われます。対象は「弱者」です。確かにその選手は競技的には強者ですが、選手と監督という立場で見ると明らかに弱者でした。

アメフトのケースでは「監督が指示はしていない。言葉の受け止め方がまずい」と、あたかも選手が勝手に反則したごとく報道されました。これが事実であれば、アメフトの選手は「守られてない」と感じることでしょう。このケースは、生徒と監督・先生という典型的な強者と弱所の関係です。「全責任は私にあります」と監督はコメントしましたが、辞任すれば責任を取ったということにはならないでしょう。けがをさせられた方もさせた方も、共に人生の中で心に大きな傷跡を残しました。

この2つのケースを見ると、問題を起こす者はその組織内で権力者であるというのが共通点です。権力者は何をやっても誰からも咎められない立場にいます。正義感の強い人がいて、声を大にして戦おうとしてもほとんど負けてしまいます。相手の方が組織内の立場が強いので、結局左遷や降格という憂き目にあい、それを見ている他の人たちが保身に走るのです。結局は、問題を起こす者の人間性によるのですが、「弱い者を権力を笠に着ていじめる。そして明るみにはまず出ない」という構図は、子供社会の「いじめの構造」と同じです。

強者は弱者を「守る」という認識を常に持ち、その雰囲気をつくり出すのが強者の最も大事な役割だと私は思います。

k2

自分の居場所はありますか？

ラジオを聴いていたら、「定年になった男性にとって大事なことは、仕事と趣味と夢である」という話がありました。一方、ベストセラーになった『終わった人』（内舘牧子著、講談社）という小説には、定年男性のセカンドライフの一例が描かれています。

これらを私流にひと括りにすると、「居場所探し」という言葉が浮かんで来ました。

一般論として、定年男性についてよく言われるのは、「昼飯をつくるのが大変。仕事がひとつ増えた」「家にずーっといるのはねぇ……」という奥様方の声です。夫にとっては長年家族のために身を粉にして働いてきたので、ようやく家族との交流に時間を費やし、安らぎの日々が送れるという想いが強いことでしょう。しかし現実は、そううまくはいかないようです。夫が毎日家にいると、妻の側からすると、往々にして余計な家事や気づかいが増えるという状況が考えられます。夫は人間なので、「あそこが汚い」とか「○○すればいい」とか、要望や苦情、愚痴などが出て、時が経つにつれてこの傾向が顕著になります。

この現象は、男性のセカンドライフを考える場合、家庭以外に居場所があれば、この課題は軽減されるということを示しています。居場所があれば、家庭にいる時間は減るわけですから。会社では「あなたの居場所はない」と言われ、家庭では「粗大ゴミ」として扱われたのでは、哀しいセカンドライフになってしまいます。これからは人生１００年時代です。「私は趣味という趣味がないのです」「仕事が趣味」などという御仁にとっては、住みにくい社会になってしまいました。

多方面に居場所を持つということは、様々な意味を持ちます。子供時代に子供にとって、最も衝撃的なのは「あなたなんか産むんじゃなかった」という母親の言葉です。一生子供を傷つける、言ってはいけない言葉です。申し上げたいことは、子供であろうと老人であろうと、老若男女すべからく「人は居場所を求めている」ということなのです。

たとえば、「仕事」という範囲では企業勤務だけではなく、ボランティア活動、自治体活動、小集団活動、サークル活動など、その気になればいくらでも仕事はあります。「趣味」という範囲では、過去にハマっていたこと、やりたかったこと、新たに興味を持ったこと、ここまで継続してきたことなど、これもその気になればいくらでもあるでしょう。「夢」はそれこそ自身の頭の中にあります。こうなったらいい、という想いに頭をめぐらしてみてください。何かひとつでも夢をかなえるための目標ができればそこが居場所になります。

「居場所を見つける」ということについて、最後に忘れてはならない大きな効果があります。それは、居場所が多々ある人はストレスに強いという事実です。私は最も大きな効果は、ストレスの軽減・解消にあると思っています。

1 2

多角的視点を持つ

２０１６年６月23日、イギリスは歴史的な国民投票の結果、「ＥＵ離脱」を決定しました。世論が離脱派と残留派の真っ二つに分かれ、事前の調査結果に反して、微差で離脱派が勝つという結果になりました。しかしおかしなことに、その後、離脱を推進していた人達が引き潮のように一斉に退いてしまい、本当に離脱が民意なの？　と疑いたくなるような混乱状態がしばらく続きました。

この結果に対して、離脱への他国の追随を防ぐＥＵの締めつけによる世界経済へのマイナス影響や、イギリス自体の地盤沈下を懸念した視方がマスコミのメインの報道になっています。それはそれとして、我々一般の日本国民は、自由自在に発想し、この現象からも何かを学びとるという「しなやかさとしたたかさ」を持つといいと私は常々思っています。

このＥＵ離脱について、私がよく使う３つの視点で見てみましょう。

１つ目は、自分中心に物事を見る、いわゆる「一人称」の視点です。本ケースの場合は、「私たち日本人という立場」から考えます。我々から見ると、イギリス人がまさか本当に離脱になると思わずに投票してしまい、結果に当惑しているという構図が見え隠れします。「人の振り見て我が振りなおせ」「他山の石」ということわざを思い出します。この当惑の事態に陥らぬよう、我々日本人は自分に責任を持ち、ムードに流されずに選挙に投票したいと思うのです。そう思うと選挙で棄権などできるはずもなく、その2ヵ月後に行われた東京都知事選も無関心ではいられなくなるはずです。

2つ目は、相手の立場になって捉える「二人称」の視点で、ここでは「イギリス人の立場」です。重大な決断をしたら、もう後戻りできない。やるしかない、ということです。ことわざでは「覆水盆に返らず」という言葉になるでしょうか？　この場合は、「○○すればよかった」などと過去に想いを振り向けず、スイッチを切り替えて一致団結して前を向いていくことが大切となります。決めてしまった新路線の最善手に着手することに邁進すべきです。その意味では、イギリスの女性首相の誕生はかえってよかったのではないでしょうか？

最後は、世の潮流が常に移りゆく、毎日変化するのが道理、という「天の立場」です。「前例がないから○○」という前例至上主義は、過去の遺物になりつつあります。すなわち仏教でいう「諸行無常」の視点です。デジタル化が進み、インターネットであらゆる検索が可能となり、時間の観念や価値が著しく変わってきました。昔から根づいている前例至上主義をはじめとする様々な慣習や考え方の陳腐化を感じさせます。今まで起きえなかったことが起きても不思議ではない時代に突入したと思うのです。以上、多角視点の例として3つの視点を示してみましたがいかがでしょうか？

2
m

性善説と性悪説

「性善説」とは、人間の本性は基本的に善であるとする倫理学・道徳学説。人の本性に関する考察は古今東西行われてきましたが、性善説という言葉は儒家のひとり孟子に由来しています。一方、「性悪説」とは、紀元前3世紀頃の中国の思想家荀子が孟子の性善説に反対して唱えた人間の本性に対する主張。「人之性悪、其善者偽也」（人の性は悪なり、その善なる者は偽なり）（『荀子』性悪篇）から来ています。

私は、カウンセリングを生業としておりますので、基本的に「性善説」に立っています。本来、人間は救われる善の存在であり、問題が生じた時には、善の立場から解決できる自浄能力を持っている、という人間観です。

しかし、実態はどうでしょうか？　金や権力が集まるところでは、日本のみならず、世界中いたるところで汚職や賄賂が横行しているのが現実です。追いつめられた人間の生きるための犯罪、朱に交わって赤くならないと村八分にされる理不尽な世界、一般の常識では計り知れない特殊な社会の存在などは、性善説では説明できません。

この説明の矛盾を解決するのが「性弱説」という考え方です。「性弱説」は、たまたま『経営を見る眼』（伊丹敬之著／東洋経済新報社）という本を読んでいて、著者の考え方として書かれていました。「多くの人間が善の兆しをもっているが、しかし放っておけば自分の欲望に負けてしまうことも十分ある。したがって、性善なれど弱し」とコメントしています。人間が持っている性弱な部分を忘れてはならない、とも言っています。

私はこの考え方に１００％同意します。世間や周囲の自分にとっての「怒りの対象」や「マイナスの事象」をこの視点で捉えてみると、すっきりして楽になった自分がいることに気がつきました。以来、「性弱説」は私にとってなくてはならないものになりました。

「独裁者に、やめろと言えない組織人」「無駄なことはしていない、という独立行政法人の職員」「情報を断片的につなぎ合わせて、興味本位の編集をするTVマスコミ」などに対しても、湧いてくるのは怒りだけの感情ではないでしょう。

日常では、「かわいさ余って憎さ百倍という裏切り」「悪い結果の責任所在」「非常時におけるアクション」等々、性弱説をバックボーンとして持つことで、「怒りや不満を冷静さに変える」、そして「許せる」ことができるのではないでしょうか？

「清濁あわせ呑む」という言葉の通り、人は常に人格高潔で非の打ちどころなしとは、いきません。悪いところがあるから人間、課題があるから人間です。「罪を憎んで人を憎まず」という気持ちに包まれ、やみくもにイライラすることがなくなれば、そのエネルギーをプラスの方向に使うことができます。

2

n

努力できることが才能である

2012年の暮れ、大リーグで活躍していた松井秀喜選手の引退会見ニュースを見ていた私には、とうとうこの時が来たかというのと、スポーツ選手の寿命は怪我次第＝無事是名馬という2つの想いが頭に浮かびました。

松井選手には特別な思い入れがあります。私と同郷の石川県の出身で、甲子園の試合はすべて見ていました。高知県のM高校との試合で全打席敬遠されたという、今や伝説となった試合は鮮明に記憶しています。当時の私は、M高校の監督に対しては、「卑怯なり。尋常に勝負しろ」という想いを持ち続けていました。最近になって、「選択肢に敬遠を考えついたこと自体が非凡。プロ野球の日本シリーズで、完全試合を放棄して勝負に徹したドラゴンズの勝負師落合監督に通じるものがあるかもしれない」と思うようになりましたが……。また、松井選手にとっては、「強打者としての一生の勲章」というプラスのレッテルをもらったことは、良かったのではないかと思うのです。

そんな思いでニュースを見ていたところ、松井選手のお父さんの言葉が彼を支えていたという話が聞こえてきました。「努力できることが才能である」という言葉です。この言葉を聞いた瞬間、すぐに脳裏に浮かんで来たのが、私が授業を担当しているT大の多くの学生諸君でした。Ｔ大の学生のよくあるパターンは、「私はこれといった強みがありません。今までスポーツもサークル活動も勉強も、どれも中途半端で人に言えるようなことは何もありません。しかし、１つの物事に一生懸命集中し、継続することだけは自信があります」というものです。大人でも、こういう人は多いのではないでしょうか？　そんな人たちに、私は「努力できることが才能である」という言葉を贈りたい。「努力」という言葉は幅が広く個人差がありますが、１つの目標達成に向かってアクションしているのは、「努力している」ということでしょう。

人は結果を欲しがります。しかし松井選手のお父さんが言っているのは、努力できることが強みになる、自分の特性になる、ということです。「努力」と「結果」は連続的でもあり連続的でもない、もっと底流にある礎となるものと私は理解しました。

学生の就活で最も大事なことは、「自己理解」です。そして、その中核をなすのが「自分らしさ」と「自分の強み」を肯定的に捉えることです。結果を過剰に意識することなく、努力を続けることができるのは、それだけで大いなる才能であり強みなのです。

努力を継続することができるあなたは、自信を持っていいのです。好奇心の強い「熱しやすく冷めやすい」タイプにとっては、逆にこの部分が弱点になることがあります。好奇心を持ち、かつ努力を続ける。そんなスタンスが成功の秘訣になるのではないでしょうか。

2

メモの魔力を使う

私が日頃実行していて、人に勧めて効果をあげているとっておきの方法があります。それは、メモを取る（手帳に書く）という簡単なことなのですが、実は奥が深い。よく巷に「手帳をうまく使う方法」という類の本が出ていますが、おそらくこれから私が申し上げることと同じ世界ではないかと思っています。

「不快」な気分がした時、メモ（手帳）にその気分を書いてみます。怒りや哀しみを感じた時、それを感情として、素直にありのままにメモ（手帳）に書いてみるのです。そして、心の中で〝リセット〟します（声に出してももちろんＯＫ）。不思議と気持ちの整理がつき、心のパニック状態から抜け出すことができます。これは一種の浄化作用ではないか、と私は考えております。実際のカウンセリングの中で、長くうつ状態にいて様々な対応の試みがうまくいかなかったクライエントに、窮余の策としてメモを書くことを勧めたところ、イライラが解消したという実体験が私にはあります。このときのクライエントには、文章を書くことが好きという大きな強みが背景にあったのは事実ですが、メモに本音を書いていくことで、長いうつ状態から脱却することができました。私はこれを「メモの魔力」と名づけ、その後のカウンセリングの中でも多用しています。

私の手帳は、自分の感情と思考がぎっしり詰まったデパート（というよりドン・キホーテ状態）となっています。「心に残った言葉」「新知識」「発掘課題」「失敗の軌跡」「喜怒哀楽」「未完了」「改訂点」「トラブル」「気になっているところ」「調べごと」「面白言葉」「スキルアップ」「新商品アイデア」「弱み発見」「提案」「記憶」「行ってみたい場所」など、なんでもありのオンパレードです。なかには、「語呂合わせの法則」なんていう項目まであります。

私は、「不快」を★～★★★★★の5段階に分け（「快」は☆～☆☆☆☆☆の5段階）、毎日の出来事をメモ書きにして記しています。もう20年あまり続けており、手帳も約20冊になりました。考えてみれば、この手帳に書いて救われたからこそ、今日の自分がいるような気さえするのです。

ストレスが溜まって、誰かにぶつけてみたいと思った時、壁にぶつかってモチベーションが落ちた時、不安や焦りが心を支配した時、とにかくスランプに入ったと思ったら、メモや手帳に本音をぶつけてみてください。このナイス・トライに成功すると、百人力の武器を手に入れたような心強さを実感するはずです。あのピーター・F・ドラッカー氏（経営学者）も、自身の成長の上で「書き留めること」がきわめて重要であったと述べています。

2

P

エリート男性の3つのカベ

誰もがうらやむ境遇に見える人が大きな悩みを背負っていることに、偶然気づく時があります。音楽家や小説家、はたまた有名な俳優や一流スポーツ選手などの自殺の報に接すると、特にその感を強く持ちます。私はカウンセラーとして、様々な人と面談するのですが「すべての人が人生を背負って生きている。人もうらやむ人生を歩んでいるように見える人も、深い悩みを持っている」という感覚を強く抱くに至りました。

現代社会における勝ち組といわれる「男性の人生」を展望してみましょう。現代は競争社会です。江戸時代でしたら、士農工商という制度の下、生まれによって一生の路線が決まっていました。それにひきかえ現代は、職業選択は自由で努力によって自分のなりたい職業に就くことができる反面、新たな「競争社会」が出来上がりました。同級生は、友達でもありライバルでもあります。子供が生まれると、「競争社会に勝ち残るため」に親が躍起になります。ゴールは一流企業に入社し、安定した生活を得ること。そのために一流大学へ、そして一流高校に行かせたいと、どんどん年齢が下がり、幼稚園から競争を行うというわけです。

一流企業に就職できた「勝ち組」に待っているのは、「学校で受けてきた教育がほとんど役に立たないというカベ」です。会社で要求されるのは、偏差値とは無関係の対人折衝能力や独創力、企画力などで、ここで挫折が表面化します。

次のカベは、結婚し子供ができ、会社で中堅社員となった40歳頃に現れます。社内の出世競争に勝ち、昇格して管理職の肩書が付き、部下ができます。ここまで、上司の顔色を覗いながら、言われたことをきちんとやってきたからこそ、いい評価を得て昇進したのですが、ここからはマネジメントの力が求められます。いわゆる「リーダーシップのカベ」です。この局面で、うつ病を発症するケースは結構多いのです。

無事に危機を克服し、マネジメントにも慣れ、多くの部下を率いて成功例を重ねると、会社の経営幹部に出世します。ここまで来ると、年齢は55歳から65歳ぐらいとなっています。そのまま円満に定年を迎えます。さて、家庭に戻ろうとしたその時、待っているのが第3のカベです。「家庭を顧みなかったツケというカベ」が来ます。極端なケースでは、熟年離婚という悲劇が生まれます。仕事オンリーで生きてきたので、自分が何をやったらいいか分からないという悲劇もあります。

私が言いたいのは、勝ち組といわれているエリートでさえ、3つのカベに直面するということです。見た目ほど幸せではないということがよくあります。「負け組」に入ったとしても、そこは心広く事実を受け入れ、「勝ち負けにこだわらない人生」を創造していくことにエネルギーを注ぐことが大切と思うのです。

女性が遭遇するカベ

「エリート男性の3つのカベ」【コラム2p】と同じ視点で、女性の場合を展望してみます。まず考慮すべきは、時代背景によって女性の生活スタイルが変化するということです。

私が社会人になった頃の1970年代は、女性は「結婚すると仕事を辞める」というのが一般通念であったように思います。それが90年代になると、「子供が生まれると仕事を辞める」が常識となりました。そして今は、「子供が生まれても仕事を続ける」という考え方が一般的ではないでしょうか？　さらに「子供を作らない」「晩婚化」「結婚しない」という考え方もありで、オープンになってきました。生活スタイルの多様化が起きているのです。

このような生活スタイルの変化を背景に、女性にとっての成功とは何なのでしょうか？　エリート男性のケースのように、社会的成功ですか？　そんな視点で比較してみると、実務能力やコミュニケーション力、マネジメント力などが主原因で、女性が挫折するというケースは少ないと思います。

私はカウンセリングの仕事を通して、女性がカベに遭遇するのは、「結婚と出産」「子供の反抗期と自立」という家庭に変化が起きた時ではないかと考えております。男性は「仕事の変化」、女性は「家庭の変化」のタイミングでカベに遭遇する可能性が強いと思うのです。

結婚すると親から離れ、不慣れの主婦業を生業とするようになります。現代では共働きが多いので、サラリーマンと主婦の二足の草鞋を履く人も多い。それまでは食事・風呂付きで独身貴族を謳歌していたＯＬが、結婚を機に生活が一変します。そして子供が生まれると、さらに負担が増えてきます。子供の突然の病気や夜泣きによる睡眠不足等、新しい体験が続きストレスが溜まります。めでたく結婚にゴールインし子宝に恵まれるのは、傍から見れば成功と思えるのですが、このようなカベを内包しているのです。

ここを乗り越えて子供が中学生になると、反抗期が現れます。今まで言う通りだった子が、母親の思い通りにならなくなります。このタイミングで怒りすぎると益々反抗し、怒らないと増長します。怒られる問題かどうかも子供自身が判断しています。

そして、いよいよ自立して旅立つ日がやってきます。ここで親離れ、子離れが健やかにできればいいのですが、なかなかそうはいかない家庭があるのです。子供命で生きてきた母親の存在が子供の自立の妨げになるケースや、巣立っていく子を見て母親が燃えつき症候群に陥ってしまうケースが見られます。「子供は自由に、責任は大人に」「自分も子供もそれぞれ一局の人生」と思い切ればいいのですが、なかなかそうはいかないのが現実です。

男性とは別のカベの悩みを女性も持っている。人として成長していくために乗り越えねばならない「発達課題」という意味では男女同じともいえます。

2

世紀の瞬間「今」に参加する

2013年、東北楽天ゴールデンイーグルスと読売ジャイアンツとの日本シリーズは、プロ野球史に残る戦いでした。双方3勝3敗で迎えた天王山の第7戦は、その象徴のような試合でした。

第5戦で3勝目を楽天が取ったので、第6戦も楽天が勝って終了と思っていたら、第6戦は、あのマー君（田中将大選手）が打たれてしまいました。レギュラーシーズンで無敗だったマー君のまさかの敗戦で、2連覇を狙うジャイアンツというチームはさすがと見直しました。天王山の第7戦は、6回を終わって、3‐0で楽天がリード。微妙な点差で、私はやや楽天有利かな、という感じで見ていましたが、楽天のリリーフ投手が、7回、8回を見事に0点に抑えました。そして、いよいよ最終の9回表にクライマックスがやってきました。

3点リードの抑えとして、まさかと思っていたマー君が登板したのです。前日160球投げていたので、常識的には連投はありえないのですが、その年最大のヒーローに最後の仕事場が与えられたのです。2人のランナーを出しハラハラさせましたが、変化球勝負で最後の打者を三振に打ち取り、ゲームセットとなりました。

私はTVを食い入るように見ていましたが、スタンドから伝わってくる異様な熱気、ムード、緊張感は何だったでしょう。次にどうなるか、どういう結末になるのか、ライブですから、一寸先は闇です。手に汗を握り、固唾を呑んで見守る中、最後の１球の後は、鳥肌が立ち、言いようのない感動が私をおそってきました。この時間、ＴＶを通じてでもリアルタイムに「今」その場に参加できたことに、私は感動と喜びをおぼえました。
「世紀の瞬間に参加する」という意味で、私は２０１３年のビートルズのポール・マッカートニーのライブに参加してきました。彼は71歳でしたのでこれがラストライブかも、という想いで東京ドームへ行きました。ビートルズの初来日の時は抽選に落ち、前回ポールが来日した時は、ライブ参加のチャンスがありながら仕事のため自ら権利放棄したという経緯があります。ビートルズの大ファンを自称する私にとっては、この過去の事実は「痛恨の極み」でした。しかし、新たなチャンスを掴み、心のモヤモヤを一挙に吹き飛ばすことができました。実際、２時間半歌い続けるポールの驚異的なパフォーマンスを目の当たりに見て、これが最後ではないなとは思いながらも、その場にいる幸せをかみしめていました。

よく人は、時間やお金をかけて世紀の瞬間を見に行きます。イベント、スポーツの試合、ライブ、競技会、ＳＬ等の趣味の世界、美術館や博物館など、遠方でもわざわざ出かけていきます。私は「世紀の瞬間『今』その場にいる。参加する」ということが、感動を手に入れるためというのが、よく分かりました。後で結果だけ知ってもこの感動は得られないのです。

2

s

知る→分かる→できる→技化

1つの物事を会得するためには、「知る」「分かる」「できる」「技化」という4つのステップを必要とします。人が生きていく上で、必要とする能力、スキル、○○力といわれるものはすべてこのプロセスを通ります。今、どの位置にいるのかを把握しながら目の前のゴールをめざす。こんな考え方ができれば、今できないからといって自己否定することもないし、ちょっとできるからといって傲慢になることもないというものです。

すべての物事の起点は「知る」ということです。人間には五感というものがあります。視覚、聴覚、触覚、味覚、嗅覚という5つの感覚をフルに働かせて、私達は様々なことを「知る」ことができます。知ったことは、記憶という形で脳の引出しの中にしまわれます。

次のステップが「分かる」です。脳の引出しの中に入れておいた「知る」を、言葉や文章にすることができ、いざという時に取り出せる、説明できる、すなわち脳の中で整理され、必要な時に取り出せる状態が「分かる」ということです。「理解する」や「分かりました」という言葉で言い表されます。

「分かる」から、さらに踏み込むと「できる」というステップに入っていきます。頭では分かっているが身体が動かない、と表現されるのは、「できる」に到達していないということです。実は、「分かる」と「できる」の間には大きな壁があり、「できる」というレベルまでいくには、相当の時間と集中力を必要とします。０から１を創造するというのはこの範疇です。ハードルは高いのですが、一旦「できる」というレベルを身につけると、それは大きな宝となります。それは長年封印していても、目減りはすれど消滅することはありません。

さらにレベルが上がって、何も考えることなく、日常生活の中でＴＰＯに合わせて自然に身体や頭を使っていることを「技化」といいます。ここまでくると、完全に自分のものになっています。優秀な営業マンや接客のプロはマナーや言葉づかいが「技化」されています。プロのスポーツマンは自然に身体が動き、様々な技を考える暇なく繰り出します。注意して見ていると、ちょっとした「技化」の場面は日常的にもよく見かけるものです。

たとえば、英語を例にとってみます。小学校では、日本以外に国があり、英語という外国語があることを知ります（知る）。中学校では、英語を実際に習い、成績がついたり検定を受けたりします（分かる）。高校生になって、海外に旅行した際や日本国内で外国人をつかまえて、英語を使ってみます（できる）。社会人になり、海外担当となって英語が公用語に。頭の中で日本語に訳さずに、右脳を使って会話をするのが当たり前になる（技化）。自分が向上しようとしている様々な現状を、このような各ステップに分類し、立ち位置を確かめてみましょう。

2

軽やかに生きる

私の基本的な考え方を、最大公約数的に要約し言語化しておきます。それは「自然の流れにそって楽しく生きる」という言葉になります。「自然の流れ」とは、老子の思想であるところの「上から下に流れる水のごとく」という意味です。「楽しく生きる」ことは、私とかかわりを持つ人に良い影響を与えると思っています。流れに逆らわずに生きる。結果として、思い通りになれば、「天に生かされている。天が支援してくれている」と解釈します。思い通りにならなければ、「人生思い通りいくことの方が少ない。結果は自分の責任としてマイナスもすべて受け入れる」のです。

そうなるためには、「1つの前提」と「3つの心」が必要と私は思っています。「1つの前提」というのは、「やるべきことはやる」ということです。待っていても幸運はやってきません。「人事を尽くして天命を待つ」という「開き直りの心」です。

1つ目の心は「あるがままの自分を受け入れる」ということです。弱点や欠点のすべてから逃げずに、まずは受け入れた上で、「人に完璧などありえない」と認識し自己肯定感を上げます。

2つ目は「あゆむ」の心です。「あゆむ」は、「あせらず、ゆっくり、無理せずに」の略です。いきなり不運や災難が降りかかっても、泰然自若とし動ぜず、自分を追い込まず、できない約束はしません。

３つ目は「まあいいか」という鈍感力、許す心、いいかげんさです。人間をやっていると、腹の立つことが多く、つい怒りが溢れてしまったり、妬みや嫉みに苛まれたり、他人の欠点を責めたり、成功を羨んだりという煩悩にとらわれます。これらのすべてを「まあいいか」として腹に収めてしまいます。

この３つの心が起動していれば、大概の出来事に対しても、幸せで肯定的な人生＝軽やかに生きる人生が得られると信じています。この３つの心があって、やることをやった上で、初めて「自然の流れにそって楽しく生きる」と言っているのです。日々、些事に心を悩ますことなく、自然の事象を素直に受け止め、感動と感謝の日が得られます。当たり前のことをありがたく受け入れられるようになります。

かのマザー・テレサは「思考に気をつけなさい、それは言葉になるから。言葉に気をつけなさい、それは行動になるから。行動に気をつけなさい、それは習慣になるから。習慣に気をつけなさい、それは性格になるから。性格に気をつけなさい、それは運命になるから」と言っています。

皆さんも基本的な生き方について、言語化してみてはいかがでしょう？

まとめ 2

本書は「どっちの方向に行ったらいいか分からない人」や「いま立ちすくんでいる人」といった社会的に弱い立場の人（学生や主婦層など）の参考になれたらいい、というのをそもそもの目標としています。そこでまず必要なのは、整理することです。何をポイントに、何を検討すればいいのか？　と把握することです。

私が申し上げた「3K」は、心理学者のアルフレッド・アドラー氏流に言うと人生の様々な場面で直面する「ライフタスク」という課題であり、氏は「仕事」「交友」「愛」の3つをあげています。「RESPECT」は、私が提唱しているもので、昨今よく言われる「ワークライフバランス」の説明で、セミナーや大学で私は使っています。

第3章

未来を取りにゆこう

3

未来を設計するための視点と方法

自分の未来がどうなるか？　気にならない人はいないと思います。正月の初詣では「今年1年の幸運」を祈願し、町の占いコーナーが繁盛するのは、人が今日よりもっといい明日を求めているということにほかなりません。ここで私が言いたいのは「未来は自分の手で幸せを取りにいく」ということです。もう待っているだけでは何も得られない、という自立性がないと生きていけない時代に入っています。では、どう取りにいったらいいのか、一緒に考えてみましょう。

！〈知っておこう〉

「カウンセリング」の世界においては、将来が不安？　未来はどうなる？　という相談が非常に多くそして重要です。ここでは、「輝かしい未来」を設計するために、有力な視点や方法を示していきます。

まず大事なことは「心の持ち方」です。ここは「未来は変えられる」と言い切っているA・アドラー博士に登場いただき、彼の言葉を借りて説明させてもらいます。彼によれば、未来を設計するのに大事なことは、①主人公はあなたそのものである、②人の行動には「目的」があり、それは未来に向かっての意思が働いている、の2点です。要約すると「未来は自分の意思で主体的につくっていけるもの」としています。

過去と他人は変えられないといわれますが、自分史は「過去の事実の歴史」であり、未来の設計は「これからの人生という舞台におけるあなたが主役のシナリオ」をつくるということを①は示しています。②については「未来志向」という言葉がぴったりします。何か事件が起きたときの企業の対応を例にとると、犯人探しに時間をかける「原因追及型」と「次に起きないようにするにはどうしたらいいか」という箇所に検討の重点を置く「解決志向型」に分かれます。時間は限られていますから、方向性は全く違ったものになります。アドラー心理学における「未来志向」は「解決志向型」の基礎理論と私は捉えています。

さらに「未来という期間」をどう捉えるかも、考えをまとめる上では必要です。期間には「短期」「中期」「長期」がありますが、〇〇年後にはどんな人生が送りたいのか？　どうなっていたいのか？　ここから考えてみましょう。その人生を手に入れるためには、逆算して2〜3年後にはどうなっていなければいけないのでしょうか？

この項で最後に申し上げたいのは、「計画的偶然性」という視点です。過去の人生で「あの時あの人と会っていなかったら今の私はいない」ということはありませんか？　人生80％は偶然とし、このような体験に出会う可能性を広げるキャリア理論を紹介します。ぜひ意識してみてください。

冒頭申し上げた「心の持ち方」と「期間」を組み合わせて、「人生の将来プラン」をまずはつくってみましょう。これを「ライフ・プラン」または「キャリア・プラン」といいます。

★〈やってみよう〉

① ミラクル・クエスチョンに答えてみる。

② ライフ・プランを作成する。

① ミラクル・クエスチョン

こんな場面を想像してみてください――
朝、目が覚めたら、あなたの身に奇跡が起きました。
あなたが困っていた問題がすべて解決し、
欲しいものを手に入れたあなたがいました。さて……

Q1　あなたは今どこにいますか？

Q2　周りに誰がいますか？

Q3　皆、何をしていますか？　あなたは何を感じていますか？

② ライフ・プランの作成

キャリアデザインは、ライフデザイン（人生設計）の
１つの側面として捉えたほうが理解しやすいものです。
以下の２つの未来の時点のあなた自身について、
言葉にしてみてください。

10年後になっていたいあなたの姿

３年後になっていたいあなたの姿

★〈やってみよう〉のまとめはＰ160

キャリアデザインのヒント

3

計画的偶然性

「私が今日あるのは○○さんのおかげです」とか、「あの時○○さんに会わなかったら、私の人生はどうなっていたか、分からない」といったことはないでしょうか？　偶然に思えるこのような状況は、「人との出会い」によることが多いものです。

この出会いは、偶然？　必然？　それは捉え方ひとつで変わるものですが、出会いそのものが「人生の転機」になったり、「心の拠りどころ」になったりするので、熟考する価値があります。人それぞれ、これまでの人生で少なくとも2～3回はそのような出会いがあったのではないでしょうか？

私自身の体験を申し上げると、「Mさんとあの日会食しなければ、定年まで会社にいたかもしれない」とか、「退職後、F社を訪問した時にS氏のところに立ち寄らなければ、研修の仕事はもらえなかった」とか、「カウンセリングの師匠のW氏が大学やNPOを紹介してくれた」など、人生の転機に必ず人が絡んでいます。いずれもいくつかの偶然が重なって結果が出たものです。事故は悪い偶然が3つ以上重なって起きるものですが、いいことも偶然が重なった結果起きます。

米のクランボルツ教授によると、これを「計画的偶然性」と言うのだそうです。様々な偶然が重なり、ある結果を出します。受け止める方はその事象が必然ではないか、とさえ思えてしまいます。教授の説によると、「計画的偶然性」を手に入れるためには、①好奇心、②持続性、③楽観性、④柔軟性、⑤冒険心の５つのマインドが必要とのことです。私はこの考え方に、⑥ポジティブな行動、と⑦○○したい想い、を加えたいと思います。

⑥は「行動」を起こし、様々な人に出会うことが引き金になると考えます。待っていても、何も起きません。自分から動いて取りに行かないと欲しいものは手に入りません。行動を起こす際に必要なものが、⑦です。私はこの部分を説明するのに「回転寿司」の話をよくします。座った時から「トロ」を食べたい、と思っていれば、目の前にトロが来たら迷わず手が出るでしょう。しかし「何を食べようかな？」と迷っている時には、トロが来ても見逃してしまう可能性が高いのです。トロは別の人が食べることでしょう。「機会は平等」にあるのですが、いざ自分の前に機会が来ると手が出ず、後で後悔することになります。

「計画的偶然性」は偶然の集積ではなく、発生の可能性を高めるべく文字通り「計画的に行動し必然にしていく」のです。野球で、制球の悪い投手を揺さぶる時に、２塁ではなく３塁へランナーを進めておくと、点が入る可能性が高くなります。この作戦に似ています。

皆さんは「○○な人に会いたい」、そして望みを果たしたい、と思うことがよくあるでしょう？「計画的偶然性」を意識し、ポジティブに人と会ってみてください。

初心設計

「1年の計は元旦にあり」ということわざがありますが、皆さんは正月どのように過ごされますか？　初詣、一家団欒、新年会、○○大会等々、イベント満載の月が1月です。1月というスタートの月に「計画を立てる」というのは、キャリア視点から見ると「有効かつ重要な行為」です。

将来の自分を考えた時に、訳の分からない不安はありませんか？　その時、どのような思考プロセスをたどるのでしょうか？　なりたい自分をイメージする→それは何年後→そこに行きつくには3年後にはどうなっていなければならないか→ということは今からすべきことは何？というのがキャリ視点からのアプローチです。今から1年ですべきことを記すこと、それを「初心設計」と名づけました。

企業には、大まかに長期計画＝長期ビジョン（5年以上先）、中期計画（3～5年）、年度計画（1年）という事業計画が存在します。ここに示された施策や数字が、社員全員の共通の物差しになります。私はこれと同じことを個人に応用することが有効だと思っています。

計画といっても、きっちりした堅苦しいものではなく、千差万別でいい。数字を出してノルマを誓うケースや、真逆の願望のみを表示するケースなど人それぞれですが、「今年はこれをやろう！」という目標を掲げることが最もよく機能すると私は思っています。

人の頭の中には「ナビゲーター」という案内ソフトが入っています。年初に、脳内のナビに目標という「目的地」をセットします。ナビは目的地に連れて行ってくれるので、目標の達成確率が大幅に上がります。私はこの方法を概ね30年ほど続けてきました。

もちろん、目標が達成できた年と未達成ばかりの年と結果は様々ですが、少なくとも自分が何を欲していてどこへ向かおうとしているかを自己理解することができます。

この考え方をさらにブレイクダウンすることも有効です。毎月の計画、毎週の計画、本日のメインテーマ、必ずやることという具合に、節々にチェックポイントを置くと、日々やることの意味が見えてきます。私は手帳にこれを記し、判断に迷ったときは、今の優先順位、基本的なスタンスなどをそこから確認して行動に移します、

1月のうちに、どこかで自分に向き合って初心設計をつくることを習慣化してみてください。それ自身があなたの「自分史」にもなります。

3

「同一線上の対立概念」を知る

4月になると、新年度、新学期が始まり、一家の生活パターンが変わる、いわゆる転機が訪れる季節です。この現象は入学式、入社式など誰しも必ず経験するものと、転勤、異動など特定の人にしか経験できないものがあります。いずれにしても、このような転機をどう捉えるかによって、その人の人生の方向性が決まるといっても過言ではないでしょう。マザー・テレサの「思考に気をつけなさい、それは言葉になるから。言葉に気をつけなさい、それは行動になるから。行動に気をつけなさい、それは習慣になるから。習慣に気をつけなさい、それは性格になるから。性格に気をつけなさい、それは運命になるから」という言葉は、本質的に物事をどう捉えるかによって、その人の方向性が決まるということを端的に示しています。まずは感情というものが芽生え、そこから思考を経て、言葉になり、行動として自分の外に展開されます。

転機を迎えた時の反応は「わくわくする」タイプと「不安になる」タイプに分かれます。前者は、新しく始まる未知の世界に思いを馳せ、興味津々プラスのエネルギーが出ている「期待」の状態です。後者は、得体の知れない次の世界に対し、不安感が募り戦々恐々としてマイナスのエネルギーが出ている「不安」の状態です。未知の世界に入る寸前の当事者の気持ちは、この「期待」と「不安」の間にあるといえます。「0」を中心に両側に線を引き、プラス側に「期待」、マイナス側に「不安」を置いてみて、自分はどのあたりにいるのか考えてみましょう。通常の場合は、「期待」と「不安」という線の上を行ったり来たり、定まらないものです。しかし、自分が一方の概念しか浮かばない場合はこれすなわち「思い込み」です。「思い込み」に気づき、柔軟な判断ができるためには、「同一線上にある対立概念」を知る必要があると思います。自分の思考と対立する概念を認識し、自分の立ち位置を確認した上で、言葉や行動を決定していくことが、納得のいく道筋を見つけ、外部の変化にも臨機応変に対応できる自分をつくり上げるように思うのです。

「期待」側に自分がいる人は、何に期待しているのでしょうか？　新しいことに対する好奇心もあれば現在の不遇な状態からの脱出願望というのもあります。「不安」側にいる人は、何に対して不安を感じているのでしょうか？　最悪の事態まで想定するリスクマネジメントを自然に行っているのか、これまで成功体験がないのでプラスを考えられない状態なのか。各々の環境や価値観によって、一概にどちらの概念がいいとは言い切れないということを認識した上で、「思い込み」の対立概念を探してみてください。このような1つの線を頭の中に描いてみることが、「未来に対する自分意識」の確認になります。

相談3つのタイプ

知人から相談を持ちかけられた時、あなたはどういう態度を取りますか？　ただ聴いているだけですか？　それとも何かアドバイスしてあげようと答えを探しますか？　大抵の場合は経験談やアドバイスを行おうとするのではないでしょうか？

私はこのスタンスが、実はコミュニケーションの大きな障壁になっていることを最近認識しました。勉強会で、私は仲間から次のように言われました。「質問や疑問にどんどん答えてくれるのはありがたいし、その瞬間は満足します。でも振り返ってみると、どうも私の心があなたのスピードについていけてない。心は決して満足していない」。私にとってはショックでしたが、よく考えてみると、ここにこそ相談がうまくいかない根っこがあると気づきました。すなわち、相談に来ている人は、質問や疑問に答えてくださいと言いながら、その実は心の癒しや安寧を求めているというのが大きな目的だったのです。

私はカウンセリングの研修で、相談には3つのタイプがあると解説します。脳みそが汗をかくまで考えに考えた末、新たな切り口や解決策を必死に求めている場合が20％。一方、真逆で、無意識的に心の癒しを求めている場合が20％。残りの60％は、カウンセラーの力量しだいで展開が変わるという「262の法則」があると思っています。

では、人から相談を受けた時、どのようなスタンスで臨んだらいいのでしょうか？　様々な会話やインタビュー、国会答弁や落語まで含めてこの課題の研究をした結果、私は２つの結論を得ました。１つ目は、「ギリギリまで正解を出さない」ということです。質問に対してすぐに答えてしまうと、会話の展開は次の質問に移ってしまいます。この繰り返しでは、心の癒しにはならない。「それについて、あなた自身はどのように考えているのですか？」という質問を返し、相手が考える時間をつくるのです。すると、答えを求めているのではないという方向性がここで明確になってきたりします。２つ目は「言葉泥棒をしない」ことです。「言葉泥棒」とは、相手の話を途中でさえぎり自分が主役の話に変えてしまうということです。話している方は話の腰を折られ、消化不良となります。「話は最後まで聞いてほしい」と心の中で叫んでいます。カウンセラーとしてあってはならないことなのですが、私は公平に見て、プロのカウンセラーでさえこの愚を犯している場面を何度も見ています。

私達は偏差値教育を受け、正解を探す癖がついています。ですから相談されると、すぐに正解を探そうと思考するのですが、それをしなくていいのですから、肩の力を抜いて聴けばいい。日本の各地で政府と行政のバトルが勃発しています。「結論はすぐに出さなくていい。まずは１度話を聞いてください」という行政の心の声が私には聞こえてきます。

聴き上手になろう！

私は大学の授業でキャリア教育を担当していますが、毎年最終講義では学生に「ラストメッセージ」を伝えます。ある年は「聴き上手になろう」という言葉を選択しました。学生が欲しいと思っている能力の礎がここにあると私は思っています。

学生が手に入れたいのは、①コミュニケーション能力のレベルアップ、②友達づくり、③伝達力・表現力のアップの3点がメインではないでしょうか？　そのすべてのベースになるのが、「聴くこと」だと思います。3つのそれぞれについて考察してみます。

1つ目は、コミュニケーション能力のアップという視点です。私が考えるコミュニケーションの公式は、【c=0.7l+0.2q+0.1t】というものです。

「c」はコミュニケーション（communication）、「l」は傾聴力（listen）、「q」は質問力（question）、「t」は伝達力（talk）です。コミュニケーションの70％は傾聴力、20％は質問力、10％が伝達力からなるという考えです。この中で最大の影響を及ぼすのが「聴く」という傾聴力です。聞く（hear）ではありません。「聴く」は、門の中に耳があるのではなく、耳があってそこに目と心がプラスされるという漢字で表現します。聴くということは、マインドの部分とスキルの部分がありますが、大事なことは、「私はあなたの話を聴いている」ということを相手に伝えることです。

２つ目は、友達づくりという視点です。あなたなら話を聴いてくれそうだと相手が思った時、あなたは「信用」という大事なものを獲得したといえます。そうなると人が集まり、結果として友達が増えるという道理です。新たな友達をつくりたいと思って大学に入ってくる学生が多いのですが、なかなかうまく友達がつくれないという声をよく聞きます。この現象は、異性との恋愛もままならないということにもつながっています。

３つ目は、伝達力・表現力のアップにつながるという点です。人は、インプットの量と質が良ければ、アウトプットのレベルも上がるというものです。聴くことはインプットで、アウトプットとしての伝達力や表現力のレベルアップにつながります。「音楽で表現力を上げるためには、どんどん聴くことが必要」とは、知り合いのミュージシャンの一言です。また読書をしないといい文章は書けません。まさに、聴く力と伝達力・表現力の関係と同じではないでしょうか？　言いにくいことを明確に相手に伝え、かつ相互に尊重し合うＷｉｎ－Ｗｉｎのコミュニケーションといわれる「アサーション」もしっかり相手の言いたいことを聴いていないと、自分の正当で場に合った意見は言えません。

すべての礎は聴くことにあるという考えに基づき、分かりやすい表現にしたのが「聴き上手になろう！」というメッセージなのです。

55387（ゴーゴーサバンナ）の法則

2012年のアメリカ大統領選挙は、現職の大統領である民主党のオバマ氏が再選を果たしましたが思わぬ苦戦を強いられました。第1回目のTV討論で、現職のオバマ氏が共和党のロムニー氏に押され、支持率が横並びか劣勢になった、と世論調査の結果が発表されました。そこまでは圧倒的に、オバマ氏優勢とされていたのですが、討論会でロムニー氏が好印象を有権者に与えた結果、勝敗の行方は予断を許さないという状況になったという説明でした。当日のオバマ氏は、ロムニー氏の質問に対し、そつのない答えをし、特に問題発言はなかったものの、終始うつむきかげんで受け身的だったと報道されていました。

ここでピンと来るのが、「55387（ゴーゴーサバンナ）の法則」が働いたのではないか、ということです。人を見て判断するポイントは、55％が「態度」、38％が「声調」、7％が「内容」というアメリカの心理学者A・メラビアンが提唱したものです。オバマ氏は、下を向きながら原稿を読むことに終始し、グイグイ押してくるロムニー氏に正対したアイコンタクトができなかった。そんなところを視聴者が観ていたのではないでしょうか。

往々にして、私たちは、話やプレゼンテーションの内容を気にするあまり、自分の「態度」や「声調」を軽視してはいないでしょうか？　中身のある内容であっても、態度や声調が自信なげであると、その自信なさが相手に伝わります。中身のない内容や嘘、さらには突っ込まれたくない、自分にとって危険な話題に入りたくない、という場合はなおさらです。

言葉は嘘をつきますが、態度は嘘をつきません。嘘をついていると身体のどこかに普段と違う反応が表れるものです。カウンセリングの有力な手法とされている「ゲシュタルト療法」は、人のこのような心理と動作のギャップや心理の動作への移管を観察指摘するところから始まります。嘘発見器もこのような考えの応用だと思います。

日常の奥様方の井戸端会議でも、サラリーマンの会議でも、様々な意見が出ても、最後は声が大きくて堂々としている人の意見でまとまってしまうということはありませんか？　いくら良いことを言っても、声の小さいオドオドした人の意見はなかなか取り上げられないのではないですか？　就職活動における面接試験は、まさにこの部分を問われます。あなたが試験官だったら、やはり態度や声調に目がいくのではありませんか？

こう考えると、自信のある態度を手に入れるには？　人に伝わる声調は？　ということに注力しながら自分を磨くということが、「成功への道」に直接つながると思えるのです。「５５３８７の法則」を意識して、日々がＯＪＴ（On the Job Training ＝仕事が即トレーニングの場）でトライ＆エラーを繰り返していけば、必ずや、自分なりの個性ある態度と声調を手に入れることができます。

39

ポジティブ変換のススメ

人の心の中は、ポジティブ（以下Pと呼ぶ）な時と、ネガティブ（以下Nと呼ぶ）な時があります。あなたは1日の感情の動きを確認した時、PとNどちらが多いですか？　日本人はN志向の割合が高いように思います。何か新しいことをやろうとすると、リスクを指摘する人が多数現れることがその事実を示しています。ではNではいけないのでしょうか？

私は、人はPでもNでもいい、と考えています。そこに、自己肯定感さえあれば、Nな自分がそれでいいと思えるなら、他人がとやかく言える問題ではありません。

ただ経験的に言えることが1つあります。それは、「ツキ」はPが好き、ということです。あなたは、NとPのどちらの人と大事な時間を共有したいと思いますか？　どちらが有益ですか？　どちらが元気が出ますか？　愚痴を聞かされたり、「たら、れば」の話ばかりされたり、人の悪口を聞かされたり、いわゆるN志向の人とはあまり話をしたいという気にはならないでしょう。プラス発想、前向きなP志向の人とは、ためになるし得るところがあるので話をしたいと思いませんか？

こう考えてみると、Pに、人・情報・お金が集まってくるということがお分かりいただけるでしょう。これすなわち「ツキ」です。ツキはPの周りに集まってくるのです。ツキは回転寿司みたいなものでぐるぐる回って手の届くところにきます。Pな人は、回って来たツキにすぐ手を出して取ります。Nな人には、なかなかツキが回って来ないし、ツキが来ていても見逃して手が出ないことが多い。

どんなPな人でも、不安やマイナス感情はいだくものです。NとPの分岐点はこの後です。Pな人は、NをPに切り替える方法を知っています。これが「ポジティブ変換」です。

私が実践しているポジティブ変換の方法を4つ記します。

1つ目は、文脈を否定形から肯定形に直すということ。たとえば、「Nな人にはツキはこない」という文を「Pな人にはツキがくる」と言い換えてみます。2つ目は、Pへの切替スイッチを持つということ。視点変換、メリット探索などです。3つ目は、Nの言葉をPの言葉に変えるということ。反省は学習、クレームは提案、失敗は成功の素、というふうに言い換えてみます。4つ目は、長所と短所は裏表の関係ということ。おしゃべりは話し上手、寡黙は聞き上手というように変換します。

このようなことを、書いたり、話したり意識してやってみてください。人からPな人間と言われ、ツキも手にしているあなたがいつのまにか存在していることでしょう。

h3

国際比較

初めてニュージーランド（NZ）に行ってきました。日本から約11時間、時差4時間、面積は日本の2／3という国です。人口は430万人で横浜市より2割ほど多い地味な島国です。私の宿泊先は、B&B（Bed & Breakfast）という形態で、オーナーのS氏は夫婦とも日本人でレストランの経営にも勤しまれていました。5日間ほど滞在したのですが、オーナーが、毎晩様々な話を聞かせてくれました。日本語でしゃべれるのはこの時間だけなので話が弾み、私の仕事上においても大いに参考になることがありました。

特に参考になったのはNZという国の体質の基本となる「民族意識」が日本とは真逆なことでした。一言で言うとNZというのは「ほどほどが許される国」であり、その気質で最も顕著なのは「My Best Job」と「Bad Luck」という言葉で表されます。日本流の「原因追及」「納期厳守」「謝罪優先」という概念はNZでは通用しません。

日本では、何か問題が起きると「犯人探し」「誰の責任か？」という観点で調査や確認が行われます。誰か一人の責任にし、本当の指示者は表に現れない、ということが往々にして起こります。犯人が見つかればそれで終了となります。NZの場合は、犯人探しではなく現在の事実を踏まえて、「自分はどうBest Jobをこなすか？」という視点で考えます。ある意味、「未来志向」そして「課題解決型」といえます。

自主性を尊重するという国民性があらゆるところで出てきます。レストランでちょっとしたクレーム（遅いとか料理が違うとか）があっても、NZの人は謝りません。なぜなら「私はMy Best Jobをしており、料理が遅いのは私の責任ではない」という想いがあるからです。私は営業マン時代、クレーム処理はまず謝罪からと理解し実践し続けてきましたが、こんな発想はNZではありえないのです。自分が悪くないのに謝るという観念がないのです。この考えを進めると、日本の外交問題に想いが至ります。従軍慰安婦問題で時の総理や大臣が韓国に謝罪しましたが、その後、言葉ばかり独り歩きし、くすぶり続けています。謝ったということは、非を認めたという解釈になるのです。

自分のやることがうまくいかなかった、他の人のマイナスを引き継いでしまった、という時には「Bad Luck」という言葉で済ませてしまいます。あっけらかんとしたNZの国民性が「ほどほどが許される国」を形成しているのです。

キャリアカウンセラーという仕事で、厚労省は基本方針として「自立支援」を進めています。自立支援のめざす1つのモデルとしてNZはあげられるでしょう。環境や風土が違うので、一元的な比較はできませんが、何事につけ、他国の例などを知り、国際比較のまな板に載せる作業は物事を進める上で重要と思うのです。

軸を貫きバランスを図る

日本の政治の問題を見ていて、問題の源になっているのは「軸の欠如」と「バランスの履き違え」ではないか、と思っています。「軸」とは、信念やビジョンのようなもので、「ここから先は譲れない」という聖域です。職人には職人の、政治家には政治家の聖域があるはずです。そこには強い意志があります。いい方向を向くと、リーダーシップがある、決断力がある、よくやっているなどという良い評価が得られます。しかし、悪い方向に向くと、唯我独尊、自己中心、独裁などという、あまりありがたくない評価を受けることになります。

「バランス」とはどういうことでしょう？　物事というのはすべからく、最低から最大のどこかの許容範囲に入っており、一方に偏することなく、今は目盛りのどの辺りにいるのか分かっていること。それがバランス感覚ではないでしょうか。たとえば「ポジティブ」と「ネガティブ」、「行動的」と「受動的」、「明るい」と「暗い」、「走りながら考える」と「沈思黙考する」等々、きりがないくらいの反対語を思い浮かべていただければよく分かるでしょう。

たった今の自分の感情、思考、行動を真逆に表す左右の線のどの位置にあるのかを考えます。新しい体験、他者の意見、外部よりの情報入手などによって、自分の感情、思考、行動を左右の線上で柔軟に変えていく、世の中の変化に乗っていく、それが「バランス」です。最近は特にバランス感覚が重視され、独断と偏見という言葉が影を潜めました。しかし、情報過多になって、かえって対応に窮するという場面が多いように思います。そうなると、軸がない、軸がブレると言われます。他人の意見を聞くなど、情報は集めた分だけ責任が発生するのです。この辺りの匙加減のうまさが、バランスが取れている、ということにつながるのでしょう。

X軸を「バランス軸」（物事の程度を表す）とし、Y軸を「本人の軸」として考えてみましょう。Y軸は、高さが決まっており、X軸のレールの上を行ったり来たりしているイメージです。X軸の内容は、明と暗、安全と危険、好きと嫌いなど、感情、思考、行動などその時の内容によって変化します。X軸が長ければ長いほど、バランスの取れる許容範囲は広いと見ます。一方、軸がブレるということは、Y軸の長さがマイナス方向に伸びてしまったと考えます。マイナスの値がプラスを凌いでしまうと、その人は軸を持たない人と見られます。このように「見える化」すると分かりやすくなります。

自分の考えをしっかり持ち（＝軸を持つ）ながら、他人の話には真摯に耳を傾ける。決定は自分の意思で行い、結果には自らが責任を持つ。多くは他人の意見を取り入れるも、軸の部分は一切揺るがない。そのために、「軸」と「バランス」という感覚が必要です。

一陽来福

辞書を見ると、「一陽来福」とは、悪いことが続いた後で幸運に向かうこと。陰の気がきわまって陽の気にかえる意、とあります。いつまでも不調が続くわけがない、時が来れば風向きが変わるというものです。太陽は必ず東から昇り、西に沈む。夜が過ぎれば必ず朝が来る、と言い換えてもよいのではないでしょうか？

不調やスランプに陥った時、何をやってもうまくいかずアクションが裏目に出る時、思ってもいない悪い方向に自然に向いてしまう時、どうやってこの泥沼から抜け出したらいいのでしょうか？　そんな時に助けてくれる考え方が一陽来福です。やるべきことはきちんとやって、後は「なるようにしかならない」と腹を据え、じっと我慢します。「人事を尽くして天命を待つ」とか、「果報は寝て待て」ということわざは同じような類でしょう。「余計な動きをしない」「じたばたしない」という心の持ち方は同じです。

事態を良くしようとして、焦って動いて、さらに重大な事態を招いたという経験はありませんか？　嘘の上塗りとか、余計な言わなくてもいい一言を言ってしまったとか、気遣いがお節介に変わり相手から疎んじられたことなどです。一陽来福は、不調の時は動かない方がいい、と教えます。かつて私は、ポジティブに動くことが成功の秘訣と思い、ひたすらポジティブに生きていた時代がありました。しかし、失敗を重ねるうちに、この動き方は、ダメな時は傷口を広げる、致命傷に至るという危険性をはらんでいることに、体験的に気づきました。以来、一陽来福を念じ、我慢すべきところは我慢し、ここまで生きることができました。相撲全盛時代の二子山親方（初代横綱若乃花）のＣＭにもなった口癖「人間、辛抱だ」は正しくこの境地ではないでしょうか？

高田馬場駅で下車し早稲田大学方面に歩いて行くと、穴八幡という神社があります。ここは、商売繁盛のお金の神様のようですが、標榜している言葉は「一陽来福」でした。節分の時期に行って、お守りを買って家の指定された方角に置いておくと金運が良くなるそうです。

私は、人は天から生かされていると思っています。どんなに科学や文明が発達しても、論理的に解明できないことが多々あります。いくらがんばっても結果が出ない、正論を言っていても理不尽が通ってしまう、不幸な出来事が続いて起きる等々、自分ではどうしようもない力が働いているとしか思えない時は多々あるものです。こんな時、一陽来福が自然の法則と信じ、じっと我慢できれば、必ず反転の時期はやってくるものです。時期を感じる感性が必要です。自分の身の回りに、今どの程度の「時期」（ツキの状態）が来ているのかを敏感に感じ取ることが大切です。

新鮮なインプットと適度なアウトプット

人には、外から学んだり吸収したりする「インプット」と、自分の持っているものを外に出す「アウトプット」の両面が必要です。この2つのバランスがうまく取れるようになると、ストレスに強い快適な心の状態を保つことができます。

「インプット」は、「学習」という言葉に変えることが適当です。

自分の専門分野における最新の理論や方法、視野の拡大、世の中のトレンドなどを、常に学習し自己研鑽するということです。医者、学者、教師、科学者などの職業を考えてみると、インプットを心がけている人はすぐ分かります。私の場合でしたら、講師としての話の内容やカウンセラーとしての進め方について、毎回レベルアップをめざすための「種」を引き出しに入れておく必要があるということです。「あの人の講義は十年一日のごとし」とか、「毎回研修の内容は同じ」などと言われるのは、私にとっては恥ずかしいことです。

インプットには、時間とお金をかける価値が十分あるのです。セミナーや講習会、勉強会、読書、DVD、対人コミュニケーションなどが、インプットの主な手段になります。主婦の井戸端会議もインプットのいい場です。

「アウトプット」は、「実務」という言葉に変えることが適当です。

自分の心のうちで考えていることを人に言うことです。プレゼンテーション、意見発表、グループ討議、○○の会（たとえば川柳の会）などのリアルの場がこれに該当します。リアルの場で行われるアウトプット、これすなわち「実務」です。雑誌に投稿したり、本を書いたりすること、講演などは、アウトプットの最たるものです。その意味では、私の仕事はほとんどアウトプットといえます。

アウトプットは、自分の想いを人に伝えるという行為であり、発信する人を活性化するという特徴があります。最も恐ろしい孤独という恐怖から人を救う特効薬です。インプットが多すぎてアウトプットが少ないのは、一種の便秘状態です。知識が頭に充満し、いわゆる「頭でっかち」という知識は豊富にあるのですが、実践では全く役に立たないということが起こります。

多忙であっても、新鮮なインプットを心がけてください。そして、適度にアウトプットしてください。インプットとアウトプットは、生活の両輪です。バランスを取るのが難しい場合は、期間を決めて「インプット期間」「アウトプット期間」というように自分の中で、キャンペーン期間をつくってメリハリをつけるのもいいでしょう。

13

自信のある人ほど危ない

毎年のように酷暑が続いています。40℃を超える温度を各地で記録し、気象庁は「大変危険な状態で命にかかわります。水分塩分をこまめにとって無理な外出は控えるように」と再三再四呼びかけています。にもかかわらず、毎年熱中症で亡くなる方が後を絶ちません。病院に担ぎ込まれるのは様々な年齢層なのですが、亡くなるのは、60歳以上で中でも80歳以上の方が多いという傾向があります。そこで注意深くニュースを聴いてみると、外で畑仕事をしていたとか、所用で外出したとかで、何でこの暑さで外に出るのか？　と疑問を抱かざるをえません。

この現象について、私には思い当たることがあります。それは「自分に自信がある人ほど、歳をとって失敗し健康を損ねることが多い」ということです。いわゆる「年寄りの冷や水」です。

2つの例を示します。1つ目は、私が30代の若かりし頃のことです。会社内ではソフトボールが盛んでした。ある人がボールを打って1塁に走り込んだ時、足がもつれて転倒し、骨折するという事件が起きました。その時、転倒した方は50代でしたが、その昔高校野球で甲子園まで行ったという輝かしい球歴の持ち主でした。硬式野球で鍛えてきた人が草野球のソフトボール大会でけがをしたのですから、本人の落胆は並大抵ではありませんでした。もう1つの例は、大阪での営業担当時代の話です。和歌山県の有名なカメラ店の店主が70歳という年齢にもかかわらず「筋トレ」大好き人間で、訪問すると「筋肉の自慢」が始まるのが常でした。ある日、その店主が木から落ちて大けがをしたという話を聞きました。なんでも家族がいない時に木に登って枝木を伐ろうとして地面に落ちたということでした。この2人の共通点は、「自分の体力やスキルに自信があること」です。私は自信がある人ほど危険に遭う可能性が高いと思っています。

相談業務においても似たようなことがあります。人生経験が豊富な人、成功事例を多く持つ人、すなわち「自信という思い込み」のあるカウンセラーが往々にして相談に失敗するのです。それは自分の経験談が相談者の心を打ちプラスに作用すると思い込むから起きるのです。その場合、相談者は話を聴いてもらえず主役になれないため、置き去りにされた感覚が残ってしまいます。

酷暑で亡くなった方の報道を聴くたびに私はこんな想いにかられ、切なくなります。ただオリンピック選手とか全日本1位とかいう超一流の人には、この心配はあまり当てはまらないようです。私自身も含めて、一般人は「生兵法はケガのもと」「年寄りの冷や水」にならないよう謙虚に無理せずに生きていきたいものです。

重要課題と優先順位

将来を視野に入れた時に、今何をすべきか？　今できることは？　やりたいことは何？　多々あるやりたいことのうち何を選択する？　私はこんなことをしていていいのだろうか？と自問自答することは、よくあるのではないでしょうか？　ビジネスの社会においても家庭においても同様のことが言えます。

通常は、優先順位を決めて、順次実施することになるのですが、その優先順位を決めることが悩ましい。私は、物事の優先順位を決めるために必要なポイントは2つある、と思っています。1つ目のポイントは、「緊急課題と重要課題」ということです。課題には、緊急なものと重要なものがあります。大切なことは、重要課題の中に、将来を見据えた布石のような案件が存在しているのですが、意外と軽く扱われている、という事実に着目することです。将来の案件に手をつけることが現在の課題の解決になる、ということがよくあるのです。仕事上、日々の人間関係に問題があっても、転職や転勤があればすべてチャラになります。就職活動の際に、明日受ける会社の情報を入手することは緊急課題ですが、3年後に自分がどうなっていたいかは重要課題です。重要課題が解決していれば、緊急課題の志望動機は容易に書けるでしょう。緊急ではなくても重要な課題に着目すべし、ということです。

2つ目のポイントは、決定することと実施することが、ギャンブルかチャレンジかという問題です。ある大手ITの会社社長は、自分の直感で、51%以上の確率があればそれはギャンブルではなくチャレンジであると説明していました。これを私流に言うと、「51%の確率に20%の思い入れが加わったら、迷わずチャレンジする。残りの29%は不断の努力による愚直な前進で埋める」という言葉に変わります。そうなると、例の「マーフィーの法則」に当てはまっていくと思うのです。70%の自信と30%のチャレンジ性があれば成功すると思います。

前述の社長は、ある日、TVのインタビュー番組で「社長にとって最も大事な仕事」として、次の2つをあげていました。1つ目は、すぐに結果の出ない将来の案件についての決断、2つ目は撤退案件の決定ということでした。どちらも現状がそのまま推移することに警鐘を鳴らしており、重要課題です。私流にこの2つをまとめて概念化すると、「優先順位を決めて実施の決断をする」ということになります。

優先順位が決まれば、あとは実施あるのみ。ここでは、目標を立てる→計画を立てる→行動する→達成する、という4つのサイクルが機能します。モヤモヤとして整理がつかない時、局面打開を図りたい時などに、「優先順位を決めて実施の決断をする」を使ってみてください。

「3の法則」を活用する

ミスター・ジャイアンツの長嶋茂雄氏が、2013年に77歳で国民栄誉賞を受賞されました。国民的な人気者としては遅すぎたきらいがありますが、Welcomeです。

私たちの時代は「背番号3」に憧れたものです。小中時代、軟式の草野球に熱中していた私は「サード＝3塁」というポジションにこだわってきました。学校や会社のソフトボールチームでは、不動のサードとして悦に入っていました。

その後、人生経験を積み重ねて得た結論は、「3という数字には特別な魔力がある」ということです。「3」の魔力を活用して、私は判断に迷った時、選択肢が多数ある時には、「3」を意識して行動します。そのおかげで、この年まで迷いに時間をかけることなく、前を向いて生きてこれたと思っています。私はこれを「3の法則」と名づけました。

「3の法則」の活用例を説明します。人が他人を認めるのは、「3回続けて達成・成功した時」です。会社員の時代にいやというほど思い知らされました。人は1回達成、成功すると本人は有頂天になりますが、それだけでは他人は認めていないものです。これは一種のサプライズであり、線香花火のようなもので、固定観念にはなりません。3回やって見せると初めて認められる、すなわち固定観念になる。ゆえに、1回うまくいったらひと息つかないで、3回やるまでがんばるのが成功への道です。その道の第一人者として認められるというわけです。

人は失敗します。ミスします。他人がミスした時、あなたは許すことができますか？　ミスの内容にもよりますが、謝られたら、そうそう怒れないのが日本人です。しかし同じミスを何回も繰り返したら、どこまで許せるのでしょう？　いつも笑って謝れば許すということではマネジメントが成り立ちません。こんな時、「2回までは許す。3回やったら見切りをつける」と決めておいたら、ここにエネルギーを使わないですみます。私の場合はそれを口に出して伝えていました。

プレゼンテーションをする時、背景や理由を「3つに絞って説明する」のが理解を得るコツです。2つでは物足りない。4つでは多すぎて、最後の方は聞いていない。試してみてください。3つが適切なことを肌で感じてください。人前でスピーチをする時なども「3の法則」を活用しましょう。

3度目の正直、2度あることは3度ある、3分1ラウンド、3分間スピーチなど、「3」は意味深く活用範囲の広い数字です。迷った時に意識して使ってみてください。突破力がつきますよ。私は学生の就活にも「3」の活用を薦めています。

30

空白の時間をつくる

1年間の空白を経て、フィギュアスケートの選手が公式戦で、劇的な復活優勝を果たしたことがありました。普通ブランクがあると、復帰してもなかなか元には戻らないように考えられますが、私はこの空白の時間が「スランプ脱出」の有力な手段である、と常々思っていました。というのも、私の周囲や私自身がこのような経験をしているからです。ひとことで言うと、「1つのことに集中し、壁にぶち当たった時に、気分転換し局面を動かす」ということです。その気分転換の時間は長ければ5年、短ければ20分と広い範囲にわたります。

昭和の将棋界に、升田幸三という名人になった天才棋士がいました。彼は抜群の構想力で「新手一生」を貫き、数々の新定跡を創出したのですが、ポカが多く最高位まではなかなか昇りつめることができませんでした。徴兵され将棋が指せなくなって、何年かの空白があり、戦地から帰ってからなんと名人位を取ったのです。「将棋を離れて外から客観的に自分を見ることで、芸域が広がった」とは、升田名人の述懐です。

私も実は似たような経験をしています。中学2年まで算盤を教わっていたのですが、5年のブランクの後、近所の珠算塾の教師を頼まれました。引き受けたのはいいのですが、肝心な時に合格証書が紛失。そのため、珠算検定の再受験を余儀なくされました。ブランクが長いのでどうか、と危惧はしたものの独学でやり直した結果、1回目の試験は1問差で落ちましたが、2回目に500点満点の495点を取り合格することができました。かえって「離れた位置にいて客観的に物事を捉えることがレベルを上げる」ということをこの時、実体験したというわけです。

一方、もっとも短い時間で空白をつくるのが、瞑想や座禅ではないでしょうか？　私の知っている臨床心理士で、カウンセラーと講演の仕事に忙しい人物がいます。彼は自律訓練法という技法に長けており、「完全に瞑想に入ると光が見え気持ちが良くなる、自然と一体化する自分を感じる」と言っています。私は、疑心暗鬼に聞いていたのですが、類似の話を他でも聞いていたこともあり、これは事実と確信しています。座禅や瞑想で「我を忘れ、自然と同化する」と集中力が増え、かえって仕事がはかどるそうです。

あのオノ・ヨーコ氏が「スランプになったら、外から客観的に自分を見つめてみなさい」とある年のクリスマスのライブでトークしていました。前述のスケートの選手の復活はそれだけではないでしょうが、「空白の時間をつくる」という行為は、必死に物事に取り組んだ人に対しては、レベルアップという大きな付加価値を付与する効果があると思うのです。

正解は1つではない

よく「真実は1つしかない」と言われますが、正解も1つしかないのでしょうか？

答えは、否です。

身近な例で考えてみましょう。

ある年の冬、インフルエンザが流行りました。私の周りは患者だらけでしたので、風邪気味で症状が似ている私は、検査を受けにかかりつけの医師の元へ。そこで医師から、「熱が出てなければ検査しても陰性になる。普通に生活していて何も問題ない」と言われました。

同様のケースで悩んでいる人がいるだろうと思い、この出来事をFacebookに発表しました。するとすぐに反応が2つありました。1つは、「熱の出ないインフルBがあります」。もう1つは、「私の知っているクリニックでは熱が出なくても検査はしてくれましたよ」というものです。私は知らない人に教えてあげようと情報発信したのですが、逆にものの見方が一面的であったことを思い知らされました。そこには、正解を見つけたと思い込んだ私に対して、正解は1つじゃないと教えてくれた友がいたというわけです。

この傾向は学生において顕著です。何か1つ課題を出すと、必ず正解探しが始まります。

「現在の我が国で最も大切なものは何か？」このような問いに対して、正解を探そうとします。偏差値教育の弊害です。正解が多数あると分かっていれば、自分の持論を展開できるのですが、正解探しをして見つからないとただうろたえるだけです。ここにいち早く気づいた学生は就活に成功します。

インフルエンザや学生の就活という足元の身近な問題であれ、国家という大きな問題であれ、本質は変わりません。「正解は1つではない」という発想が根本にあれば、相手の言葉に耳を傾けるはずです。人対人のコミュニケーションでは、相手が自分を受け入れてくれれば、自分も相手を受け入れようとするでしょう。

国対国の対話も同様ではないでしょうか？

国益を守るという使命、人心を束ねるために共通の敵をつくるという政治的な背景等が障害となるのでしょうが、「まずは話を聞こうじゃないか」と相手を受け入れる構えを互いに見せることが、国の外交においても必要なのではないでしょうか？

そして言いたいことを言い合って、持ち帰って反芻《はんすう》してみる。結論を急がず、何回か時間をかけて話し合いを繰り返す。そんな「聴く姿勢」を、当事者は勉強し直し、再び原点に戻るべきではないでしょうか？

39

チームワークの礎

２０２０年の東京オリンピック・パラリンピックの招致が決まったのは、２０１３年のことでした。結果を出した関係者の並々ならぬモチベーションの高さと努力に敬意を表します。招致が決まった直後のインタビューで、チームの中心となって奮闘した当時の東京都の猪瀬知事が「勝因はチームワーク」と答えていた言葉が印象的でした。

ここで「チームワーク」について考えてみましょう。

例によって３つの視点から捉えてみます。１つ目は、「個人の能力」という視点です。個人の能力が高いというのがまずは必要です。柔道や剣道の団体戦を想定してみると分かりやすい。組織は、個々の力の集積であることは間違いありません。よって、常日頃から自分を磨き続けること、自己の能力を伸ばそうと努力を継続することがまずは基本となります。

２つ目は、「組織」という視点です。いくら個々の能力が高くても、組織としては、１＋１が２ではない、というのが通常です。船頭多くして船山に登る、ということわざの通り、船長は必要ですが１人いればよい。２人いればかえってマイナスになるのです。これがすなわち、「役割分担」というものです。自分の役割は何なのか、自分しかできないものは何か、という自己理解が必要になってきます。ホームランバッターばかりいても野球は勝てません。３つ目は、個人と組織をつなぐ「マネジメント」といわれる機能です。個人の能力を的確に把握し（＝食材）、最大限発揮できるよう役割分担を明確にし（＝料理）、そのステージを演出し（＝食卓）、結果を出す（＝評価）。「冷蔵庫の中にある食材を最大限活用して、家族に喜ばれるおいしい料理をつくる」主婦の役割そのものが「マネジメント」です。これが機能すると、ピーター・F・ドラッカー氏が言っているように、チームとしての強さが個人の弱みをカバーし、強いチームが出来上がります。そして、いわゆる「シナジー効果」が現れます。

オリンピックの招致活動で、猪瀬知事が「チームワーク」と称したのは、個人の高い能力とロビー活動やプレゼンテーションにおける役割分担、そしてそれらを戦略的につなげる「マネジメント」がうまくいったと言いたかったに違いありません。そして、この３つの視点を達成できたのは、猪瀬知事独特のリーダーシップによるものなのです。

最強のチームをつくるためのポイントは、能力の高い人間を集めること、役割分担を明確にすること、リーダーあるいはその補佐役でマネジメントができることの3点が必須条件になるということです。チームをつくるときの参考にしてください。ただ1つ留意すべきは、能力の高い突出している人間には、人間関係の構築が苦手な人もいるということです。その場合、リーダーがそれを呑み込み受け入れ、全体とのパワーバランスがきちんと取れるかどうかがポイントとなります。

r3

夢は見るものではなく叶えるものである

２０１１年に女子サッカー・ワールドカップで優勝した「なでしこジャパン」のリーダー澤穂希選手の言葉です。あの世界一になった翌日に放送されたものと記憶しています。

この言葉について、私流のアプローチと解釈をしてみます。

「マーフィーの法則」というのがあります。心の中で、「できる」「やれる」「成功する」と念じ続けると、事が成就する、思ったとおりになる、というありがたい法則です。私は退職後独立してから、このマーフィーの法則に支えられてきました。長期の研修の仕事が欲しい、メンタル・ヘルスの仕事がやりたい、本の出版をしたい、大学の教壇に立って学生に人間学の講義をしたい、大学の教師になりたい、と目標を立てると、ことごとく願いが叶いました。まさに、マーフィーの法則そのものです。人の頭の中には、ナビゲーションがあって、ここに目標をインプットすると、ゴールに導いてくれます。私はこんな考えのもとに、夢→目標→実現というサイクルを繰り返してきました。あのイチロー選手は、小学校の時の作文の中ですでにプロ野球選手をめざしていました。迷い無き想いに裏打ちされた目標は、叶うことが多い。これが「夢は叶えるものである」ではないでしょうか？

想いを露に吐くという意味で「吐露」という言葉があります。そして「吐」という漢字は、

「口」と「＋」（プラス）と「－」（マイナス）の組み合わせで構成されています。口から出るのは、プラスの良いこととマイナスの悪いことの両方があります。口から出る言葉が、プラスだけならどうでしょう？　これは、「叶」という漢字になります。自分が思った「夢」を口に出す、あるいは文字にして書いてみるなど、アウトプットしてみると、考えていることが具体的になります。そこからマイナスのイメージをはずしてみる。これすなわち、「叶う」ではありませんか？

人は、夢を見た時、あくまでもこれは夢であり現実ではない、と思い込んでしまいがちです。夢を叶えるには、どうしたらいいでしょう？　夢に到達するまでのステップを考えてみましょう。するとそこに「クリアすべき目標」が見えてくるはずです。目標が見つからないなどと思わず、夢を叶えるためのステップアップを考えてみてください。

コーチングの世界では「ミラクル・クエスチョン」というのがあります（この章のワークシートで皆さんにやっていただいているものです）。朝、目覚めたらあなたの夢が全部叶っていました。周りには何が見えますか？　誰がいますか？　何が聞こえますか？　という質問です。この質問をすると、回答者の頭に浮かんでくるのは現実の世界が多いという結果を得ています。ということは、夢といっても決して特殊な世界ではない、ということです。いい夢を見たらナイス・チャンスと捉え、叶えるための目標作りをしてみてはいかがでしょう？

偉大な○○は心に火をつける

砂漠で馬に水を飲ませようとした時に、あなたはどの方法を取りますか？ ①水を汲んできて容器に入れて馬の前に持っていく。②水のある所に連れて行きその場で飲ませる。③水のある場所へ連れて行く。飲みたくなければ引き返す。

相手の自主性を引き出すために良い方法はどれでしょうか？

「凡庸な○○は命令する、いい○○は説明する、優れた○○は範となる、偉大な○○は心に火をつける」という言葉があります。この言葉は、カウンセリングやコーチングを生業としている人間にとっては金言の重みがありますが、一般の日常生活の中でも十分機能するものです。○○の所を、教師、上司、親、監督、コーチ、先輩などの言葉に置き換えてみてください。様々なケースで応用できるのがお分かりいただけるでしょう。

「凡庸な○○は命令する」――相手に行動を起こさせようと思った時、まず必要なことは、「ストロークを与える」ことです。そのストロークの中で、もっとも容易で単純なのが命令です。軍隊の不文律は、上官の命令は絶対的、ということのようですが、軍隊のような環境では、「命令する」ことは行動につながるでしょう。しかし、現実の社会では、聞いたがやらない、ということが往々にしてあります。命令されたことが納得できない、気が進まない、やりたくないなどの感情的な理由がほとんどです。

「いい○○は説明する」――一歩進むと、説明をするようになります。なぜそうするのか理由を相手に伝達します。ストロークを与える相手に対して、「なぜそうなのか」を説明する義務があるということ。これが説明責任です。分かれば相手は動きますが、後でよく考えてみたらおかしい、と思うこともあります。説明すればするほど、紛糾することも珍しくありません。人権尊重の精神がベースにあるので命令よりはましです。

「優れた○○は範となる」――常日頃から率先垂範する姿を相手は見ています。子は親の背中を見て育つと言うように、○○をモデルとして前へ進むことができます。しかし、この方法も一定の限界があります。○○と同じようにできなくなると、「あの人は特別だ。私にはできない」という声が出てきます。下手をすると、○○のパフォーマンスで終わってしまうという結果も考えられます。

「偉大な○○は心に火をつける」――相手をよくしようと思ったら、まずこの言葉を思い出してください。心に火をつけるのは、前述の③の手法です。飲みたくない時は飲まなくていい。必ず飲みたくなるのですから。その時にどこに行けばいいかを教えておくだけでいいのです。

3

パワー、スピード、タイミングにこだわる

私がことあるごとに言い続けてきた3原則があります。これを、パワー(Power)、スピード(Speed)、タイミング(Timing)の頭文字をとって、「PST」と言っています。私は、PSTは生活の基本としてこだわってきました。いまだにその部分は揺るぎがありません。ただ最近は、バランス感覚も大事で、バランス(Balance)を加えて、PSTBの4原則でもいいかなと思っています。

「パワー(P)」は、何をやるにも必要なエネルギーの源です。スポーツや筋トレによる身体鍛練というパワー・アップがあります。学習や自己研鑽などの知識・頭脳のパワー・アップがあります。新しいことへのチャレンジや思考回路の鍛練というパワー・アップがあります。さらには、ストレス耐性を高めたり感情をコントロールする心のパワー・アップもあります。このように考えると、我々の日頃の行為に無駄はなく、すべてが、なんらかのパワーの源泉や試練になっているということに気づきます。

「スピード(S)」は、あなたの周りの人たちのモチベーションに大きく影響を与えます。人は生活のリズムについて、自分なりのスピード尺度を持っています。相手のスピード感を重視し尊重してあげましょう。相手は、あなたのスピードをことのほか気にかけています。ス

ピード感を測りながら、「快」と「不快」を分類しています。通常は、スピードがある方がいい。速いというスピード感覚は、大いなるプラスとなり、「あなたはできる人」という好ましいレッテルを貼られることでしょう。一方、「ゆっくり、じっくり」を好む人も多数存在します。その場合は、ゆっくり相手にペースを合わせてみましょう。スピード感溢れるあなたが味わったこともない世界が現れるかもしれませんよ。

「タイミング（Ｔ）」は、取り方次第で生活が生き生きもするし、停滞もします。生活にしろ、仕事にしろ、タイミングが評価を決めることがよくあります。基本は、相手が一番欲しい時に結果を出すことです。早く出しすぎるとありがた味がなくなり、遅くなると新鮮味と価値が落ちます。いつまで？　という納期がはっきりしていればいいのですが、納期指定がない場合は、タイミング要注意です。相手の受け入れシャッターが閉じてしまったタイミングでは、どんなにいい結果を出しても評価はされません。

ＰＳＴは、会社の仕事にもそのまま当てはまります。人間のあらゆる生活の場で役に立つ３原則です。何気なく意識してトライしてみてください。きっと、ナイス・トライとなります。

まとめ 3

あなたの思考の中で、過去・現在を鑑みるとき、派手なパフォーマンスを嫌うあなたはこれまで脇役でいることに安住していませんでしたか？　そのまま脇役であっても輝く未来の主人公はあなたなのです。脇役を主人公にすれば、それはそれで新しいシナリオが生まれます。あなたのオンリーワンの人生です。歴史はあなたが生まれたときにはじまって、死ぬときに終わるのですから、１００人１００様のキャリアプランができるはずです。

人生待っていても何も来ません。自分が主役となって必要なものを自分で取りに行ってください。

第4章

いつでもどこでも誰にでも

4

ストレスを遠ざける経験的な法則

ここまでで、「過去」「現在」「未来」という時系列の中で「自己理解」を進めていただけたでしょうか？　ここでは、過去・現在・未来のどこでも使えて、普遍的でかつ私自身が重要視している「生きるための経験的な法則」について解説していきます。具体的には「楽しく生きる」「運を引き寄せる」「ストレスを遠ざける」という決して特別なものではなく、「いつでも、どこでも、誰にでも」使える利用価値の高いものです。

！〈知っておこう〉

私の場合、「楽しく生きる」ということが常に生活の根本にあります。私自身が沈んでいたり、鬱状態であったならば、「GOOD JOB」はできません。「自己一致しない状態」で相談事を受けたり、授業を行うということは「マイナスの社会貢献」と考えています。私自身が楽しく生きていれば、それが相手に伝わります。ということは「楽しさ」を実践することが「日々、GOOD JOBを行う」という目標を達成することにつながります。

そのために必要なことは多々ありますが、私が日常で重要視しているのが「モチベーション」と「ストレス」、そして「運」です。

「モチベーション」は、私がいつも最も気にしている視点です。第２章で示したように「４Ｍ３Ｋ」を基本に考えます。しかし、４Ｍ３Ｋ以外にモチベーションの大小は様々な要因が絡んで形成されます。

「ストレス」については、自分の心に問いかけて冷静に自分を見ることを習慣づけるといいでしょう。すべきことは、自分のストレスの状態および精神的なダメージを測定し、壊れる前に手を打つことです。基本的な心構えとしては「自分を信頼する」という「自己肯定感」を、日頃から育んでおくことが肝要となります。また「ストレスを逃がす。遠ざける」という目的で、様々なところに自分の居場所を持ったり、大好きな趣味に熱中したりという「多くの引き出し」を持つというようなことも的確な対策になります。

「運」はいいときは、雪だるまのようにつきまくるのですが、落ち始めるとなかなか戻りません。そしてサイクル性もあります。「運の無い時」は動かず、「運が来ているとき」はポジティブに行動するということも可能になります。「運」は私のライフワークであり、私は「運を引き寄せる法則」があると思っています。分かっているもののみ掲載しました。

この「モチベーション」と「ストレス」と「運」が微妙に絡み合って人生を形成していると私は思うのですが、これは思い込みでしょうか？

★▙〈やってみよう〉

◎直近1年間の間に経験したライフイベントのストレス度をチェックしてみる。
（自分の身に当てはまるすべての出来事の点数を合計してください）

生活変化単位値（Life Change Unit : LCU）による ライフイベントのストレス度チェック

順位	ライフイベント	LCU
1	配偶者の死	100
2	離婚	73
3	別居	65
4	拘置所拘留	63
5	近親者の死	63
6	病気やけが	53
7	結婚	50
8	解雇	47
9	離婚調停	45
10	家族の病気やけが	44
11	妊娠	40
12	性的な障害	39
13	新しい仕事	39
14	家庭の経済状況の悪化	38
15	友人の死	37
16	転職	36
17	夫婦間トラブル	35
18	１００万円以上の借金	31
19	仕事の責任変化	29
20	親戚とのトラブル	29

「社会再適応評価尺度」（Homes & Rahe,1967）を元に作成

◎過去１年間のLCUの合計を終えたら　→　P166へ

過去１年のLCUの合計が

○150 点以下の方　→問題ないでしょう。

○150 ～ 300 点の方　→メンタルの状態に注意を向けてください。

○300 点以上の方　→メンタル不全の危険な状態にあります。

★合計が 150 点以上の方は、仕事をセーブしたり、無理をせずに休息に努めてください。

★〈やってみよう〉の
まとめはP208

キャリアデザインのヒント 4

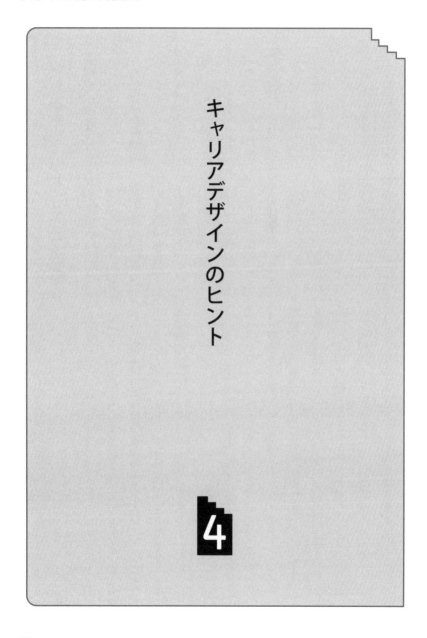

モチベーションを上げる2つの要因

物事をなす時に最も大事なものは何でしょうか？　こんな質問に、私はいつも「モチベーション」と答えます。仕事、スポーツ、趣味、遊び、競争、何をするにも、必要なのは「やる気」。すなわち高いモチベーションがあってこそ、満足のいく結果が得られるというものです。

このモチベーションというのは曲者です。上がったり下ったり、時には消えたりします。高いレベルでモチベーションを維持することが成功の秘訣なのですが、それがなかなか難しいのです。

「ブルームの期待理論」というのがあります。モチベーション＝目標の魅力×達成可能性というものです。私はモチベーションの体系化をライフワークとして取り組んでいますが、この「期待理論」が幹の部分で、枝葉のプラスαが多数存在するというのがモチベーションの正体という結論に達しております。このプラスαが様々で、現在の私の研究対象になっています。

この期待理論の2つの要因について、私の言葉で解説いたします。まず、「目標の魅力」というのは、この事柄が達成できると、その後にどんな世界があるのか、ということです。認められて出世する、世の中が変わる、いい仕事が増える、新たなビジネスモデルが出現する等々、今の自分が見ている世界が変わるということです。そこに「自分がこうなりたい」という目的が存在すれば、この部分は益々大きくなります。一方、「達成可能性」というのは、どれだけ達成の見込みがあるか、ということに尽きます。実績の200％のノルマと言われたら、やる気をなくしますが、130％ならやってやろう、ということにはならないでしょうか？　チャレンジ性という言葉で言い換えるなら、60～70％ぐらい、頭の中で進め方のイメージができているのがいい。残りの30～40％が未知のチャレンジ部分です。半分以上がチャレンジ部分となると、尻込みしたり、できない理由を考えたりするのが通常ではないでしょうか？

2012年の箱根駅伝はこんな視点で見ると興味深い。優勝した東洋大学はスーパースター依存型から見事に脱皮し、全員が最高の成績で新記録を樹立しました。前年同様シード権を獲得した青山学院大学、前年タッチの差でシード権を取り損ねた城西大学。この2校のモチベーションも高かった。それぞれ、優勝やシード権獲得という「目標の魅力」とあと少し何をがんばれば達成できるのかを、体感・共有していた「達成可能性」（前年に東洋大学はトップに21秒差、城西大学はシード校と3秒差だった）の双方が存在していたと思います。

個人にこの原理を応用すると、達成可能なチャレンジ目標を立て、できた時の自分の輝かしい姿をイメージすることが、モチベーションを上げるということになります。

b4

ツキを呼ぶ5つの法則

あなたは運のいい人ですか？　こんな質問をされた時、どう答えますか？

毎日、真面目に一生懸命働いているのに、なぜかツキがない、ツキは存在すれど気まぐれと思われている方が大多数ではないでしょうか？　ツキのある人とない人はどこが違うのでしょうか？　実は、ツキというものは、行くべきところに行くという性質を持ち、また自ら呼び込まないと来ないものなのです。お金が、あるところにどんどん集まるのと似ています。そこで、ツキのメカニズムとそれを呼び込む法則についてお話しいたします。

ツキとは、どういう人に行くのでしょうか？　法則はこのような見方から生まれます。

第1は「笑顔」です。ツキは、怖い顔や渋い顔よりも笑顔が好きです。TVのインタビューなどでも、笑顔は記者から好意を寄せられます。素晴らしい笑顔という強みを持っているだけで、コミュニケーションがスムーズになり、面接などでも有利に働きます。「笑う門に福来たる」ということわざは素晴しい先人訓です。心の底からの笑顔ほど人を輝かせ、周りの人に幸せな気分をもたらすものはありません。第2は、ツキは「掃除」が好きということです。掃除は、自分の心にスペースを空けるという効果があります。掃除をし整理整頓をすることは、心にスペースを空け頭の中をもすっきりさせてくれます。風水では、家の中の気の流れを良くすることを基本としていますが、掃除はそれに通じるものがあります。会社を訪問した時、床やトイレを見ると、その会社の成長性が分かるといわれるのもこの部分に起因しています。ここまで、ごく当たり前のことを申し上げましたが、コツは日常の自分の足元にあるということがお分かりいただけたでしょうか？

第3の法則は、「未完了を減らす」ということ。やらなくちゃいけない、と思いながらやっていないことを未完了と呼びます。人は５００の未完了を持っている、といわれています。未完了が頭に浮かんでくると、集中力が低下し、一生懸命やっているというオーラが外に伝わりません。これではツキは来ません。第４の法則は、「ポジティブ思考」です。反省は学習に、失敗は成功に、文句は提案に、ピンチはチャンスに変えてしまういわゆるプラス発想です。心の状態がネガティブな状態ではツキは寄ってきません。最後は、人の悪口を言わないこと。人のいいところを見るようにして褒めるスキルです。これはツキを呼びます。「○○さんがあなたのこと、○○と言っていたよ」と聞いた時、聞くに堪えない悪口だったらその人を嫌いになるでしょうし、逆に褒められていたら、親しみを感じるという経験はあるでしょう。第3者の悪口を言う人とは付き合いたくないですよね。

以上、いま分かっているツキを呼ぶ代表的な5つの法則を申し上げましたが、あなたはいくつできていますか？

4

褒めて伸ばす①

先日何気なくTVを観ていたら、千葉県松戸市が率先して行い効果を出しているという「褒めて伸ばす」という教育の手法を紹介していました。

「私は褒められて育つ」。こんな言葉を入社の挨拶に使った新入社員がいましたが、これは真理と私は常々思っています。なかには「私は怒られて育つ」という人はいますが、人はそんなに強いものではありません。他人から褒められた、認められたという承認感、があって初めて自己肯定感が出てくるものです。実際、私の研修の中では、「いかに相手のいいところを見つけるか」「相手に納得できるようにいかに褒めるか」について、「ＯＫセッション」というグループワークをすることが多い。企業研修、再就職支援セミナー、学生のキャリア授業等々、私はこの「ＯＫセッション」を多用します。そして、研修やセミナー、授業の終了後、受講生が喜色満面の顔をして帰って行くのを見て、「褒めて伸ばす」ことの正しさと効果を確認しています。

カウンセリングの仕事をしていると、自己肯定感の低い人をよく見受けます。「どうせ私なんか……」「私は何もできない」など、自虐的な言葉をよく聞きます。カウンセリングしてみると、必ず小さい頃身内のちょっとした一言が傷となって残っていることが多い。たとえば、両親のひそひそ話で、「お兄ちゃんはよくできるのに、弟はね」とかいう一部分を盗み聞き、「そう。私は兄貴に比べて人間的にレベルが落ちるのだ」と思い込んでしまう人がなんと多いことでしょう。親や家族の何気ない言葉が子供を傷つけているのです。

逆に、褒められると、その資質が大いに伸びます。さらに噂話で褒め言葉を聞くと、モチベーションは倍増します。「君のことを○○と彼が褒めていたよ」と、あなたの尊敬する人の言葉を間接的に聞けば、嬉しさ倍増となるでしょう。褒めるのにお金はかかりません。

大学の私の授業の卒業生で、塾の先生になった学生は、私から「教えるのがうまい」と言われたことが励みになったと言っていました。有名な画家のH氏は、新聞紙上で名高い評論家から「おもしろい味がある」と褒めてもらって、それを励みにして輝かしい画業を成したといいます。このように効果の高い「褒めて伸ばす」を利用しない手はありません。人は往々にして悪いところに目が行きがちですが、人を見たらいいところを探す練習をしてみてください。身近なところ、自分の子どもや配偶者に早速試してください。そして「褒め言葉」を口に出して伝えてみてください。特に、褒める対象の本人のいないところで、褒め言葉を連発しましょう。そのうち本人に伝わります。子どもにしろ、配偶者にしろ、その後必ず良い変化が現れ、人間的に伸びていることを確認してください。この状況を手に入れれば、あなた自身が幸せになります。

d4

褒めて伸ばす②

「褒めて伸ばす」ために、どういう褒め方がいいのか、私のこれまでの経験範囲から、具体的に述べてみます。

まずは、人の良いところをキャッチするアンテナを据えつけましょう。アンテナは意識すれば自然に立つようになります。本来、人は「いいところ」をキャッチする能力と、「悪いところ」をキャッチする能力がイコールなのですが、長年人間をしていて様々な苦難にもまれると、どうしても「悪いところ」を見つける能力が伸びてしまうのは困ったものです。

人の良いところを見つける方法は3ステップで考えます。

第1ステップは、視覚による直感力です。分かりやすく言うと、第1印象です。外見、雰囲気、態度、そして行動から、あなたが感じた良いことを言葉にします。「あなたのおしゃれで周りが楽しくなります」「人をひきつける魅力的なオーラを感じます」「安心して話ができる雰囲気をお持ちです」という言葉になります。直感的に思ったことを瞬時に、いい悪いに分け、いいところを言葉にして伝えればいいのです。「第1印象がいい」と言われて嫌がる人はいないはずです。

次に、第2ステップは、聴覚による直感力です。相手の声調に集中します。いい声、通りやすい声、メリハリのある声、やさしい声、心の伝わる話し方などが該当します。「私の大好きな声です」「メリハリのある話し方で分かりやすい」「やさしい話し方なので好感が持てます」という言葉です。要領は第1ステップと同じです。

最後は、話をよく聴いた上で、頭を使って、内容を褒めることです。論理構成力を必要とする場合もあります。なぜ褒めているのか、理由や背景をつけ加えると一層効果的です。「あなたの話には感銘を受けました。なぜならば……」「すばらしい経験をされたのですね。私は○○という同様の経験をしていますので、あなたの素晴らしさがよく分かります」「非常に興味深く拝聴しました。特に○○のところはもう少し聴きたいです」という感じです。興味を持っている部分について質問をしてもよいと思います。

このように、眼→耳→頭の順で、相手のいいところをスキャンし伝えることができるようになれば、あなたは立派な褒め上手です。あなたの周りは、いつも活気に溢れ、前向きなエネルギーが充満することでしょう。

配偶者や子供など、自分の近いところから、試してみてください。相手の反応が変わりますので、効果はすぐ確認できます。

4

未完了を整理する

人間は考える動物です。人が何かをしようとする時、頭に浮かんでくる「やらなければならないのにやっていないこと」。それを「未完了」と言います。未完了は多種多様ですが、放置しておくと収拾がつかなくなることがあります。

人は、500ぐらいの数の未完了をそれぞれ抱えているといわれています。まずは自分の未完了をリストアップしてみましょう。20ぐらいはすぐ浮かんでくるはずです。健康、家族、仕事、お金、人間関係等をはじめとして、趣味やトラブル処理、買い物、探しもの、メカの修理、メールの返事等々、よくよく考えてみると、きりがないほど未完了が存在していることでしょう。

基本的には未完了は少ないに越したことはありません。「未完了が少ない」ということは、頭の中に、新しいものや変化を受け入れるスペースがあると考えます。私はこの状態が集中力のある状態である、と思っています。逆の場合、すなわち「未完了が多い」時は、なかなか集中力は出ないでしょう。どうも最近集中力に欠けると思ったら、未完了をチェックしてみてください。気になる未完了がいつも同じものでしたら、自分の心の中でスイッチを入れ替えて、この未完了に決着をつけて前に進みます。入れ替わり立ち替わり様々な未完了が気になる時は、そのいくつかを完了させることが必要です。これがいわゆる「心のスペースを空ける」ということです。

未完了は悪いことばかりではありません。「いい未完了」というのがあるのです。悪玉コレステロールと善玉コレステロールの2種類が存在しているのと似ています。妻が妊娠して子が誕生するまでの夫の状態、試験がよくできた時の合格発表を待つ状態、立てた目標が達成可能な状態などは、モチベーションが上がる「ワクワク感が伴う未完了」といえます。

自分の前進を妨げている未完了はあるのか。もしあるならそれは何なのか。モチベーションを上げる未完了はあるのか。もしあるならそれは何なのか。言葉にして、紙に書いてみてください。整理ができず、滑ったり転んだりして、自ら迷路に入り込んでいた自分に気がつくことができればしめたものです。完了したときに感じる感覚も様々であり、その最も快いものが達成感でしょう。「モチベーションを上げる未完了」は、それが生きる喜びであったり、生きがいであったり、目標であったり、人が希望を持って生きる上で必要なことにつながる可能性があります。

「未完了」という観点から、モヤモヤ感を整理していくということは、事程左様に大きな効果があります。未完了をチェックし、自分に対しての新しい発見を手に入れてください。

自然力を活用する

朝のＴＶを観ていると、生活習慣の参考になる内容の番組があります。先日は、「免疫力」をテーマに最新情報を提供していました。

その時の最新情報というのが、「免疫力を高める最良な方法は森林浴である」というものでした。すでに気づいた人もいると思いますが、森の中、緑に囲まれた木の下などにいると、「魂が浄化される感覚」を味わったことはありませんか？　その場所で、ゆっくり深呼吸を繰り返し考えをめぐらしてみると、「私はなんと些細なことを気にしていたのか？」と自分の小ささに気づいた経験はありませんか？　この感覚が、「ストレスを薄める自浄作用」です。それが免疫力を高めることにつながります。この森林浴のように、「自然力を活用して、ストレスを軽減し、免疫力を高める」というテーマを、私のカウンセラーとしての立場から考えてみます。

自然とは何でしょうか？　私の力が全く及ばない、論理では説明できない、生まれた時から死ぬまで存在する様々な事象と環境です。私達の身の回りには自然を意識した人間界が多々あります。たとえば曜日。月、火、水、木、金、土は明らかに自然を示しています。火は風上から風下にすべてを無にしますし、水は上から下へすべてを洗い流します。木は成長や癒しをイメージし、土は我々が生きている大地そのものです。金は自然界に存在する価値あるものの総称と捉えます。月や日（太陽）はもっと大きい自然です。惑星もそうです。月、火星、水星、木星、金星、土星、どれも自然のネーミングがついています。九星気学でいう一白水星とか五黄土星、九紫火星は、数字と自然の組み合わせです。一方、山に登ると「心が洗われる」、海を見ると「心が落ち着く」とよく言います。山や海は、自然の象徴です。山は、木の集合体であり、海は水の集合体です。人が山や海に行くのは、本能的に自浄作用を発し免疫力を高めようとする人智であると私は思っています。

自然の脅威の中でこの大きな力を利用するのが人智です。言い換えれば、自然と共生していくことによって、「免疫力を高める」ことが最大の生きる知恵ではないでしょうか？

我々は日常生活を続けていく上で、知らず知らずにのうちに、ストレスを受けています。私に言わせれば、このストレスこそが「厄」です。厄であれば、厄落としをするわけで、「ストレスの厄落とし」は、「自然力を活用する」ことが最強です。

家の中に閉じこもらず外に出てみましょう。近くにある自然に接してみましょう。近くの小さい山や海辺、川べりに行って、そこで自分の心と対話してみてください。自浄作用を感じたら、そこがあなたの免疫力を高める場所です。色々な場所に行動範囲を広げて、自分の自然力活用スポットをぜひ見つけ出してください。

適度のストレスは伸びるチャンス

２０１３年に起きたのが日本女子柔道界の暴力問題です。私はパワハラを直訴した15名の選手に拍手を送りたいと思います。

パワハラ問題については、２つの経験を思い出します。１つ目は、私の企業現役時代、「７人の課長」の押印を取って、私が代表となって、パワハラ上司に意見具申したこと。まるで百姓一揆です。「分かった」とひとこと言われただけで、空振りに終わりました。２つ目は、子会社社長の部下に対するパワハラです。部下から人事部に注進があり、取り上げられ、社長は更迭されました。後任の社長が私でしたから、経緯を聞いて唖然とした記憶があります。

パワハラをストレスという観点から捉えてみましょう。カナダの生理学者Ｈ・セリエは、「ストレスは人生のスパイスである」という名言を残しています。コレステロールに善玉と悪玉があるのと同様に、ストレスにも「良い」と「悪い」があります。「いいストレス」は、ピークに至ると、最大限のパフォーマンスを発揮します。達成感や満足感、自己存在感やレベルアップ感など、人が伸びる原動力がここにあります。すなわち、「適度の緊張感＝いいストレス」がいい結果をもたらすということです。「プレッシャーを力に変えていく」という戦いの後のアスリートの言葉がこの状況を表しています。反対に、「適度のストレス＝いい緊張感」

がないと、生産性もパフォーマンスも上がらない。我が国の原発事故をはじめとする信じがたいノー天気な対応は、ここに起因しているのではないでしょうか？

一方、過度の緊張感は、一気にパフォーマンスを落とします。今回の柔道界のパワハラは、選手に過度（極度）の緊張を与えたのではないでしょうか？　指導側は適度の緊張感を与え結果を出そうとしたのでしょうが、今の世の中では通用しないということが証明されてしまいました。適度と過度は１８０度違うということです。テニスのラケットやギターの弦を想像してみてください。適度に張っておかないと性能が発揮できませんが、張りすぎると切れてしまいます。竹やゴムには、遊びがあって、しなったり伸びたりしますが、やりすぎると割れたり切れたりします。そして元には戻りません。

パワハラか、ほど良い緊張感なのかは、個人の判断に委ねられることになりますが、15人が感じた結果の直訴ということは、外の人間では計り知れない相当の暴挙があったと想像されます。過度から極度の緊張を感じ、竹が折れた、ゴムが切れた状態をイメージします。

幹部の辞任や組織改定もさることながら、最大の解決方法として、コミュニケーションの必要性がこれからはクローズアップされるでしょう。選手の話をよく聴くこと。それができるようになれば、組織も変わるのではないでしょうか？

ストレスが溜まるポジションの幸せ

人は様々な場面でストレスを感じます。それが限界を超えたり、一挙に大きな塊で来ると、精神に異常をきたしたり、病を発症したりします。病気、貧困、孤独という根幹的な問題から、休みが取れない、やりたい仕事ができない、仕事がうまくいかない、知識欲が満たされない、学力やスキルの停滞、趣味がない、遊ばない遊べない、運動不足、努力しても目標レベルに達しない、人間関係がうまくいかない、欲求不満など、ストレスは多種多様です。欲望の裏側にストレスがあります。

あるラジオのパーソナリティーがインタビューに応じて、「ストレスが溜まるポジションに自分がいるからこそ、批判を受けたり責任を問われるので、そこにいる自分に幸せを感じる」と語っていました。彼はこの道30年以上、同じ番組のパーソナリティーを務め、外部からの一切の批評や非難の矢面に立って対応し、日々番組の品質向上に取り組み、今日に至ったという話でした。私はストレスが溜まり自分が苦しくなると、この言葉を心の中で反芻するようにしています。

試験を受けて落ちた時は、試験を受けられるところまで来れた幸せを。孫が熱を出して心配な気分になった時は、孫がいるという幸せを。さらに遡り、娘が幸せな結婚ができたことに幸せを。様々なストレスを受ける場面で、こんな具合に考えを突きつめていくと、「人間として生まれてきた生に対する喜び」に行きあたります。人として生を受けたという喜びをかみしめた時、初めに感じていたストレスが萎んでいくのを感じます。

最近、縁あって『なぜ生きる』（明橋大二、伊藤健太郎、高森顕徹著／1万年堂出版）という2部作の本を読みました。人の生きる目的は何か？　という答えの出にくい課題に対して、答えを出している珍しい本です。そこを突きつめようとして、作家や役者などの著名人が「私は何のために生きているのだろう？」と思い悩み、挙句の果てに自殺してしまう、ということが起きています。この本は、前述した「人間として生まれてきた生に対する喜び」が人生の目的であると結論づけています。

２０１４年にテニスの全米オープンで錦織圭選手が決勝まで進出するという大快挙をなしました。その後の彼の記者会見では、「ストレスが溜まるポジションにいる幸せ」を彼が感じ見事な爽やかさを醸し出していました。ここまで来ると勝敗は単なる結果に過ぎなくなります。この年、全国高校軟式野球の準決勝で延長50回を戦った中京、崇徳の両校ナインも「ストレスが溜まるポジションにいる幸せ」を味わったことでしょう。

この考え方は、最高の場面でも、最悪の苦しい場面（人間だからこの苦しみがある）でも、成立します。その使用範囲は日常生活全般にかかわっており極めて広いといえます。

4 いい加減に生きよう！

物質的には豊かですが、何かとストレスが多い時代になってきました。ＩＴの発達に伴い、様々な分野で技術革新がなされ、そのスピードは恐るべき速さで進んでいます。しかるに、昔も今もほとんど変わらないのが人の心です。「〇〇すべきである」と思う心と現実が大きく乖離した時、それはストレスという形になって人の表面に現れます。

このストレスに対処するための私の最近の想いを述べてみたいと思います。

経験の中で、「この人はカミソリのように切れる」とか、「先の先まで何でも見透かされている」といった頭の良さを超越した「畏敬」の念を人に持ったことはありませんか？　私はそのような人をここまで数人見てきました。還暦を超えて人生を振り返ってみると、実は面白い事実に気づいたのです。私が畏敬を持った人達は、数人のうち誰ひとりとして「心豊かな老後」を送っているように見えないのです。「心豊かな老後」とは、お金の心配がなく、健康に恵まれ、何よりも温かい家族や友人知人に取り囲まれて、日々自分の生に感謝ができるという日常生活です。私の見たところ、お金はともかく温かい家族や友人知人に恵まれている、すなわち人間関係に恵まれている人がほとんどいないのです。

なぜだろう、と疑問に思い、何気なくインタビューしてみると、「人の欠点がすぐに目につき、You're OK になれない」という傾向があるということを発見しました。鋭いといわれる人は物事がよく見えてしまうのがかえってマイナスになるのです。逆に無頓着に人と接する人はどうでしょう？　相手の欠点などには目はいかないのですから、人間関係でイライラすることはありません。その分、他にエネルギーを回せるというわけです。これを能力と認め、作家の渡辺淳一氏は「鈍感力」と呼びました。

「鈍感力」を言語化したもっとも代表的な言葉は、「まあ、いいか」だと私は思います。自分のアンテナに伝わってきた不快感や怒りを、「まあ、いいか？」としてスルーする。そこがポイントなのです。換言すると、お風呂のお湯加減がちょうどいいという意味で「いい加減」と言うとピタリな感じなのです。決して怒りの言葉ではありません。

中国の歴史を見てみると、「項羽と劉邦」では項羽はカミソリ、劉邦は鈍感で、覇権は劉邦が握りました。「三国志」では、曹操の元にいた楊先生が先読みを誇示しすぎて排斥されてしまいました。ものが見えてできすぎる人は、本人の神経が休まらずストレスが継続するという傾向があり、才能があるがゆえに疎まれてしまうのです。最後に笑うのは鈍感力のある人です。

人生１００年時代という。益々ストレス耐性を必要とするご時世で、生き残れるのも、鋭い人ではなく鈍感力の強い人だと私は確信しています。

4

「自責」と「自分を責める」を区別する

一般的に、何か問題が起きた時に、他人事とし「我関せず」とするのを「他責」、自分のこととして捉え、真摯に取り組むのを「自責」といいます。「他責」は自分に火の粉が降りかからないように自己防衛が目的であり、問題を他人に転嫁します。一種の処世術のようなもので、問題発生にいちいちかかわっていては身体がいくつあっても足りないというスタンスです。しかし、「他責」による評論家的な態度は、その場の責任逃れというだけで、自分にとってプラスのストロークは生み出しません。

一方、「ツキを呼びよせる」ため、あるいは人間的に成長するためには、「自責」のスタンスが必要です。物事の起承転結に自分がかかわっている、起きている事象に関して自分の責任として捉える、それが「自責」です。これは「自分の人生に自分が１００％の責任を持って生きる」という自立の心につながります。このように言うと、すべて自分が責任を取らなければならない、と考えてしまいがちです。問題が起きると、「私が○○しなければこんなことにならなかった」とか、「こんな事態は私が招いてしまった」という言葉や態度にそれは現れます。これが「自分を責める」という現象です。

「自責」と「自分を責める」は別物です。「自責」は、かかわっている自分を素直に認め、気持ちを渦の中に置いて、なんとか解決しようというポジティブな心です。一方、「自分を責める」は深く際限がありません。自分を追いつめ、取り返しのつかない結果を招いてしまう危険性があります。

愛犬が病気になりました。犬猫病院に連れていき診察を受けたところ、軽い薬を処方されました。しかし、愛犬の容体はみるみる悪化し、半日後再度病院へ。レントゲンを撮ってみて、明らかに肺炎を起こしていることが判明。薬を強くしたものの、手遅れ。その日の晩、犬は息を引き取りました。飼い主は、「もっといい病院へ連れていくべきであった」「最初の診察の時に、レントゲンと血液検査を要請すべきであった」と自分を責めまくりました。とりつくしもありませんでした。このようなケースはよくあるはずです。飼い主の思うところは確かにその通りですが、十分に「自責」となっており、次への学習となりました。一方、「自分を責める」ことも尋常ではありませんが、飼い主ひとりの責任ではありません。担当した獣医、住んでいた地域、伴侶、病気の質など、悪いことがいくつか重なったからこそ、重大な事態を招いたと考えます。

起こった事柄は自分のことと「自責」で受け入れ、「自分を責める」部分では全部を被ることはないのです。「自責」と「自分を責める」ことは、「私の責任です」という一言から同じように感じますが、ぜひ区別しましょう。

楽しく生きる法則① 「前向きに生きる3つのR＝3R作戦」

前向きに生きていくための「3R作戦」を紹介いたします。

3Rとは、「RESET」「RESPECT」「RUN」の3つの頭文字を取ったものです。順に説明しましょう。

人には、他人には言えない忌まわしい経験や、思い出したくない過去が必ずあるものです。そして、それを引きずって生きていることがあります。何かしていると、その嫌な感情が時折湧いてきて自分のモチベーションを下げてしまう、という現象です。

このような嫌な過去をパソコンにあるごみ箱に捨てるイメージが「RESET」です。いい思い出はセーブし、悪いものはリセットする。これができると、毎日新鮮な気分で生活が送れるようになります。

次に、現在から未来にかけては、どういうことを基本に生きていったらよいのでしょうか。ここで言いたいのが、「RESPECT」と「RUN」です。

「RESPECT」は、人を尊重する、という他人と接するときの基本態度を指しています。そこには、他人も自分も同時に人として認める、相互尊重の精神があります。自分が相手を認めるように努めれば、相手も自分を認めてくれるようになるものです。これができれば、日々のコミュニケーションがうまく取れるようになり、視野を広げ、人間関係を楽しくしていけます。

「ＲＵＮ」は、走りながら考える、ということを意味しています。現代は、待っているだけでは幸運は掴めません。適度に走り、ポジティブに世の中にかかわることで、運が開けてくると考えます。じっくり考えることは大事ですが、迷った時に、まず一歩踏み出してみる。走りながら訂正すべきところは訂正していく。このような姿勢を、私はＲＵＮと表現しています。一歩踏み出し、やることはやったという後は、「果報は寝て待て」とか、「人事を尽くして天命を待つ」というスタンスでＯＫです。

ＲＥＳＥＴ→ＲＥＳＰＥＣＴ→ＲＵＮという３Ｒ作戦を身につければ、あなたは前向きな自分の存在に気づくことでしょう。

３Ｒ作戦は、かつてモチベーションを上げる目的で私が提唱し、日々多用している格言です。

楽しく生きる法則② 「相互尊重を実現する4つのタイプ」

あなたは、血液型によるタイプ分けをどう感じていますか？

私自身は、人の性格が血液型によっているわけがないと思っていますが、人のタイプを4つに分けることは有効である、と考えています。今回は、この「4つのタイプ」ということに焦点を当ててみます。

「ソーシャルスタイル」という古典的なタイプ分けがあります。

思考と感情の現れ方を4象限で示します。まず感情の抑制が強いか、表出が強いかに分けます。次に、主張を断言するタイプか、問いかけるタイプかに分けます。こうして、感情が外に出やすく主張性が強い「表出型」、逆に感情が出にくく主張性も弱いのは「分析型」、感情が出にくいが主張性が強い「主導型」、逆は「友好型」という具合に、4つのタイプに分けます。

この考え方は、自分と同じ領域の人とは分かり合える、全く逆の領域の人とは分かり合うのに一考を要す、というものです。マーケティング学者として有名なピーター・F・ドラッカーは、このタイプ分けを引用して、「成功する経営には4つのタイプすべてが必要であり、経営者で4つのすべてを兼ね備えている人はいない」として、各タイプが絡み合ってこそ成功があると明言しています。

もう1つ別の「4つのタイプ分け」を紹介しましょう。

自分で決めないと気がすまない「コントローラー」、アイデア豊富でお祭り大好きな「プロモーター」、データや事実を重んじ慎重な「アナライザー」、人に奉仕し黒子役を好む「サポーター」の4つのタイプに分ける手法があります。

完全に分けてしまうのではなく、2番目の特質と近ければ、「アナコン」（アナライザー＋コントローラー）とか「プロサポ」（プロモーター＋サポーター）という見方をします。あのザ・ビートルズの4人を思い出してください（古すぎて知らない人はごめんなさい）。リーダー格のジョンは「コントローラー」。お茶目なポールは「プロモーター」。インドの音楽や瞑想にはまったジョージは「アナライザー」。空気のような存在は「サポーター」のリンゴです。今にして思うと、各個性が見事に違うからこそうまくいった、と私は思っています。

4つのタイプ分けは、どのようにして日常に活かしたらいいのでしょうか？

私は、十人十色＝いろいろな人がいる、ということをあなたが実感で認識する、ということに最も意味があると思っています。自分の尺度や常識は往々にして思い込みである、ということが実感できた時、他人のいいところを認める気持ちが自分の中で芽生えてきます。

楽しく生きる法則③「質問力」

コミュニケーションにおいて大事なことは、一に聴くこと、二に効果的な質問をすることです。

効果的な質問をするために覚えておくとすぐに役立つ侮れないポイントがあります。それは質問の方法と視点です。

質問の方法について、1つ目のポイントは、質問の形にWhatかHowを使うように心がけるということです。5W1H、いつ（When）、どこで（Where）、誰が（Who）、何を（What）、どういう具合に（How）、なぜ（Why）という質問の中で、WhatとHowを使いましょう。WhatとHowは「開かれた質問」で、十人十色の答え方が期待できるからです。思いもかけない情報が得られ、会話が弾む可能性が高い。これに対し、「閉ざされた質問」は、「○○ですか？」というYesかNoの答を求めているだけで、会話は発展しません。もう1つやってはいけないタブーがあります。なぜ？　というWhyの質問を続けるのはやめた方がいい。なぜ？　なぜ？　とやられると、会話が尋問の場になってしまう可能性があるからです。私が言っていることは簡単なことなのですが、ここに気をつけているだけであなたのコミュニケーション能力は上がります。

2つ目のポイントは、話の中身を深くしたり、広くしたりの質問をするということです。「今の話をもっと詳しく教えてください」というのは、内容を深掘りする質問です。ツボにはまれば、これだけで会話は弾みます。「他に問題はありますか？」というのは、広げる質問です。この2つを自在に織り交ぜて質問ができればあなたは立派なインタビュアーです。

「視点」の概念についても理解しておいてください。

まずは「時空間を走る視点」です。話を過去や未来に導くのです。自信を失っている相手に対して、「同じような問題に対して、過去はどうやって乗り越えてきましたか？」とか、問題解決に一歩を踏み出せない相手に対して、「このままいくと、3年後には、あなたはどうなっているのですか？」という質問をすると、事の重大性を再認識し自律的に動くようになります。

次のお薦めは、「人称の視点」です。私は一人称、あなたは二人称です。将棋で相手の側に座って局面を見るように、二人称で自分と相手を入れ替え、相手の気持ちになって考えてみましょう。攻撃的で「自己中」の人にこれを使うと、予想以上に効き目が高いことがあります。また、どちらにも身を置かず、第三者として上から対局を見ているイメージが三人称です。冷静に客観的に起きていることを見ているイメージです。

楽しい場面は一人称で、話を聴く時は二人称で、つらい場面は三人称で捉えるよう質問をつくれば、喜び倍増、凹み激減となること請け合いです。

楽しく生きる法則④「疲れない〝等身大の自分〟」

よく「等身大の自分」という言葉を聞きますが、皆さんはどう受け止めていますか？「等身大の自分」について、少しロジカルに考えてみましょう。

弱くもあり強くもあり、自信が喪失したり沸騰したり、浮き沈みが激しいのが人間です。他人からよく見られたい、認められたい、褒められたいなどの感情が湧き、つい無理をしてしまう。その結果、作ってしまったイメージにつじつまを合わせるように、本来の自分とは違うキャラを俳優のように演じ続ける。そのまま演じ続けていると、やがてそれが大きなストレスとなって跳ね返ってきます。これでは心の休まるわけがありません。

「等身大の自分」とは、素のままの自分です。肩の力を抜き、もっともリラックスしている自然体の自分です。自分と他人の認識で一致している部分が多く、一致していない部分については、それがどこなのか自分がわかっている状態です。これを「自己一致状態」と呼んでいます。では、「等身大の自分」＝「自己一致状態」を得るには、どうしたらいいのでしょうか？

有力な2つの方法を紹介いたします。1つ目は、他人から自分がどう見えているか、というフィードバックを好んで受けるようにすることです。この方法は、自分が知らなくて他人が知っていることを認識するのに効果的です。他人の目は自分を映す鏡と心得、ことあるごとにどう映っているか確認することです。日頃の自分の仕草や癖が人にどう見えるか、分かるようになると自分が見えてきます。2つ目は、自己開示というアクションです。自分が分かっているけど他人は知らないことを、進んでオープンにするということです。人は、何を考えているか分からない状態を忌み嫌い、逆に自己開示されることは歓迎します。差し障りのないところは、どんどん自己開示されることをお勧めします。

他人からのフィードバックと自己開示により、自分が分かっていて他人も分かっている領域をどんどん広げましょう。それが「等身大の自分」に気づく有力な手段です。

――「いい人だと思われたい」あなたに――

認めちゃいましょう。自分がいい人じゃないこと。周囲に対して思いやりのある行動を取るけど、意地悪で人を傷つけることもあるというのが、的確な自分じゃないですか?

本当の自分（にかなり近い自分）を認めてしまえば、人にどう思われるかということにエネルギーを使わなくていい。いい人って思われたらラッキー。でも、意地悪な人と思われてもしょうがない。「あながち嘘じゃないし」と、そんな風に思えたらすごく自由になります。

楽しく生きる法則⑤「時間を意識して生きていこう！」

時間は、皆平等に1日24時間、1年365日と決まっています。1日があっという間に過ぎる、1年経つのが早いなどの感覚は、時間の観念です。与えられた時間をどう使うかは自由です。なかなか忙しくて時間がないあなた。あきらめたり、流されたりしないで、タイム・マネジメントという視点から、もう一度、時間というものを見直してみましょう。

私が常々考えているタイム・マネジメントのポイントを順に説明していきます。

①「時間そのものはコントロール不能」

1日は24時間。Eight Days A Week とはいきません。できることは、自分（スタンス、アクション、価値観など）のマネジメントです。

②「優先順位をつける」

緊急性の有無、重要性の高低という4象限でやることを捉え、緊急かつ重要なことのほか、緊急ではないが重要ということに、目を向けてみてください。将来必ず問題になることの回避や、たった今の問題も、もしかするとここで解決するかもしれません。

③「パレートの法則を使う」

優先順位の高い20％をこなすことが、全体の80％達成につながる。やることの横のつながりについて、見直してみましょう。
④「整理・整頓と清掃の実施」
仕事の身の回りの使い勝手を空けておくことは有効です。探し物をしている時間が結構多い人にはお薦めです。また、清掃はツキを呼びます。
⑤「基準を持つ」
自分なりの基準（価値観や信念）を持つと、迷わず決断が速くなります。自分の基準を作っておいて、迷った時は照合してみましょう。時間の使い方が劇的に変わるかもしれません。
⑥「目覚めた時か就寝前に、わずかでも考える時間を持つ」
朝でしたら、「本日のテーマ、やること、優先順位」などのシミュレーションの時間に。夜でしたら、「1日の振り返り」を2～3分でいいのでやってみてください。


いかがでしょう？　代表的なものを6つあげてみました。ご自分の生活と当てはめて考えてみてください。まとめとして、左記のマネジメント・リストの作成をお勧めします。

「毎朝、その日やることをリストアップする」「1週間単位のスケジュールと目標のテーマを決める」「1日の優先順位を必ず紙に書いて確認する」「机の上や引き出しは片づいている」

「1日の仕事にゴールを設定する」

楽しく生きる法則⑥「本音を語れる人を大切にする」

人生、山あり谷あり。困った時、迷った時、悩んだ時、あなたは自分ひとりで解決しようとしてはいませんか？　心身ともに健康で、問題が単純でひとりで解決できるレベルにあるなら、そのままで問題ないでしょう。しかし、生身の人間。常に心身ともにいい状態で的確な判断ができるとは限りません。

自分の許容量を超えた問題が発生した時に、近くに「本音を語れる人」がいるかどうかは、結果に至る分岐点です。大概は、時間が解決する、我慢が解決する、環境が変わるなどの変化で自然解決していくものですが、閉塞感で「前にも進めず退くにも退けず」という状況になった時、本音を語れる人の存在が重要になってきます。

浮かんできた感情を、本音を語れる人に直接ぶつけるのは、一石三鳥のストレス解消効果があります。

1つ目は、「カタルシス効果」といわれている効果で、心に溜まっているものを吐き出すことが自浄作用の働きをします。言いたいことを言ってすっきりした経験は誰にもあるでしょう。

２つ目は、「オートクライン現象」といわれているもので、自分の話を自分が聞いていて、ハッと気がつくことです。思い込みやラベリング（人や事象にラベルを貼ること）に気がつき、窮屈な自分から逃れる術となります。

３つ目の効果は、話相手からの応答とフィードバックにより、自分の視点を変えることができたり、新しい視点を加えることができる、ということです。この現象は、相手の話にアンテナを立てて自分の気づきを促進する「パラクライン現象」といわれています。

カウンセリングという仕事をしていてよく聞くのは、クライアントの「本音を語れる人がいない」という異口同音のフレーズです。

人は、家庭、会社、コミュニティの３Ｋを居場所としています。この順で、本音を語れる人を探し出す努力をしてみましょう。まずは足元、まずは身内からです。なかでも配偶者は、本音を語れる人の最短候補と位置づけます。本音を語れる人が傍にいることほど心強いことはないからです。次は会社です。競争社会の中にも、本音を語れる人がいるものです。そして、友達を含めたコミュニティ。同好の士だからこそ本音が言い合えるということも多々あるものです。

楽しく生きる法則⑦「目標を持つ」

私は、どんなことでも目標を持つことが楽しく生きるコツと常々考えています。「目標に向けてひた走る者には、しばしば運命の出会いが訪れる」（朝日新聞２００９年5月27日朝刊・天声人語子の言葉）といいます。これは私自身も経験していることで、真理だと思っています。

とりあえず、なんらかの目標を持つ。途中、方向性が変わる。目標は修正するのではなく、バージョンアップと考えればいい。これを繰り返しているうちに、自分が本当にやりたいことが何かが見えてくる。小さな目標の達成の先に、大きな成功イメージ（＝夢）も見えてきます。さらに想いが強くなると、マーフィーの法則が機能し、気がついたらが実現していた、という世界が現れることもあります。

１９５３年の米国イェール大学の卒業生調査で興味深い結果があります。「あなたはゴールを設定していますか？」「そのゴールを書き留めていますか？」「そのゴールを達成するための計画がありますか？」と3つの質問を卒業生にしたところ、３つの質問すべてにイエスと答えたのは全体の３％にすぎませんでした。そして20年後の追跡調査。この３％の学生が、結婚、健康状態、職業という生活の基盤において、他の97％の学生より、満足度が高い成功を収めていたのです。そして、驚くべきは、１９５３年の卒業生の総資産額の9割以上は、この３％の手に集中していたということです。

目標を立て、ゴールを設定します。ゴールを「10」とすると、今あなたはどこまで来ているのでしょうか？ 全く新しい分野でしたら「０」であり、スタートラインに立ったことになります。「頭で理解していること」と「できる」ということは違います。大事なことは「できる」ようになるために、一歩踏み出すこと。これが「１」の段階です。昔興味を持ち、熱中していた趣味やスポーツの世界でしたら、「５」ぐらいまで来ているかもしれません。山頂をゴール「10」とした時、いま何合目まで来ているのだろうか、という登山のイメージです。

家事でも、仕事でも、趣味でも、スポーツでも、身の回りに目標を作ってみましょう。生活に張りが出てきます。たとえば、趣味が読書として、１年間で長編歴史小説を１つ、各月は仕事の関連本を2冊、などと決めるのです。10年後は、町の文学博士をめざします。

目標を立てて少しずつ進むイメージです。これは、達成感にもつながりますし、もっとも大きいのは、「日々進歩している感」が得られることです。毎日自分が進歩している、と感じる人は、ストレスには鈍感に生きていけます。

楽しく生きる法則⑧「262の法則」

この辺りで、表題の「楽しく生きる法則」にふさわしい切り札的な法則を紹介しましょう。それは、通称「262の法則」といわれているものです。

人間社会には、必ず「262の法則」が存在するといいます。たとえば、主婦の井戸端会議で、総勢10人いたとして、あなたは好きな人と嫌いな人、相性のいい人と悪い人は、おのおの何人ぐらいいるのでしょうか？　好きが2、嫌いが2、どちらでもないが6というのが、「262の法則」です。会社の会議で、1つの案件の実施可否について、賛成が20％、反対が20％、どっちつかずが60％という現象がこれに該当します。自分の周囲を見回すと「262の法則」で説明できることが結構多いのが不思議議です。組織内で優秀な人ばかり集めてプロジェクトチームを作っても、しばらくすると「262」ができてしまいます。○20％、×20％、△60％と分布します。世の中、自分の思い通りになるのが20％、全くうまくいかないのが20％、後の60％は努力次第という応用もあります。

では、この「262の法則」が、なぜ「楽しく生きる」ための切り札なのでしょうか？

あなたが何かやろうとした時の反対者が、影響力の強い人であればあるほど、実行は困難であり、あなたはダメージを受けます。たった1人があなたを傷つけており、あなたは自分の人間性の否定にまで追い込まれている、そんな時がこの法則の出番です。毎日の生活が不快でそこから抜け出したいと思った時、「２６２の法則」を思い出してください。反対者は必ず20％の割合で現れるとすると、当たり前の結果が出ているだけなのです。私自身、ここまでの人生で何度となく落ち込みましたが、「２６２の法則」を思い出すことで救われ、自分を否定せずに生きてこられました。

聞くところによると「３４３の法則」というのもあるようです。これは、人が成功するための法則で、最初の３が実力、次の４が運、最後の３が環境だそうです。実力があっても運がない人が世の中には相当数存在します。私は、運は回転寿司のようにぐるぐる回っていて、掴んでくれる人を待っていると常々思っていますが、運が来ていても気づかない人が多いような気がします。

強い反対者が現れた時は、（特別なケースは除いて）中間派の60％を自分の側に引き入れることが成功への近道となるでしょう。選挙などは、この法則の典型的な例だと思います。

最後に一言。反対者が20％以上いたら、自分の考えを再点検してください。孤立無援の状態は避けるのが賢明です。

楽しく生きる法則⑨「役割期待を変える、確認する」

人生の中で、人間関係がうまくいくのといかないのでは、天国と地獄の差があります。それほど、日々の人間関係は我々の生活に大きく影響を与えています。今回は、人間関係がうまくいかない場合の対処法として、私が考える良い方法を2つ用意しました。

1つ目は、うまくいかない相手に対して、「役割期待を変える」という考え方です。私たちが相手に対して不快な感情を抱く時、それは自分が期待したように相手が動いてくれない、反応してくれない時ではないでしょうか？　配偶者、親子、親戚、友人、会社の仲間など思い浮かべてみてください。人は自分の期待に相手がそぐわない時に、怒りや失望や嘆きなど諸々の感情が出てくるのです。そして、自分と近い距離にいる人に対してその感情は大きくなるようです。これを逆用して、自分の期待通りにならない相手には、「役割期待を変える」ことで、ストレスを軽減することができます。マザーコンプレックスの男性が、結婚した女性に母親と同じものを求め、常に母と嫁を比較する。女性は我慢できず離婚、などというのはこのケースでしょう。この場合は、男性が女性に対して役割期待を変える。たとえば、母親にない別のいい面を見出すとか、要望線を下げるとかして、全く違った生活を志向するなど、求める役割期待を変えることで乗り切れると思うのです。

2つ目は、モヤモヤ感で悩んだ時は、本人に直接「確認してみる」ということです。これが意外となされていない。肝心なところで欠落しているように私は思います。私の経験した事例をあげてみます。「Aさんはあなたのことを全然認めていない。この前、聞くに堪えないことを言っていた」とBさんに言われました。私は瞬間ショックと怒りを感じましたが、取った行動は、ここで言う「本人に直接確認する」でした。その結果、悪いのはAさんではなくBさんの悪意による誹謗・中傷であったことが判明しました。人は、間接的に第三者から何か言われると、すぐ「思い込みのラベル」を貼ります。自分がこのような場面に直面しモヤモヤした時は、あやふやな話を鵜呑みにせず、相手にラベルを貼る前に勇気を出して本人に確認してみましょう。私の経験では、80％の確率で自分が助けられます。

いかがでしょう？「役割期待を変える」ことと「確認する」ということ。これが自在に使えるようになると、余計な後ろ向きのエネルギーは使わないですみますよ。

うつ病のカウンセリング治療として、最近脚光を浴びている「対人関係療法」というのがあります。「役割期待を変える」「確認する」は、対人関係療法のメイン・コンセプトとなっていますが、私は一般にも十分通用するものとして重宝しております。

楽しく生きる法則⑩「自己理解を深める」

私は、「自己理解が進むと人を尊重できるようになる」、あるいは「自己理解が進めば自己否定のカベは打ち崩せる」と常々申し上げています。そのことは前著『社内突破力』にも書いているとおりです。

昨今の社会情勢を鑑みると、この言葉は重要な意味を持つように思います。

今や社会は混迷の度合いを深め、政権交代により求めた変化はままならず、不況という経済のカベが立ちふさがり、人の生きる気力がどんどん落ちているのが現実です。このような状態が続くと、人は自信をなくし、希望を失い、「自己否定」という負のスパイラルに入ってしまう危険性があります。ここから脱出する有効な手段が、「自己理解を深める→自分を認めてあげる」ことなのです。

「自己理解を深める」ためには、3つの方法があります。1つ目は、他人から「フィードバック」をもらうこと。自分では気づかないことを他人から指摘してもらう。言われた瞬間は辛くても長い目で見れば自分のためになることが多い。2つ目の方法は、心理テストやアセスメントをやってみること。外に対する基本スタンスを示すTA（交流分析、Transactional Analysis）、不変の資質を示すストレングス・ファインダー（Strengths Finder）、仕事に必要な能力と相性を示すＶＰＩ（Vocational Preference Inventory)、様々な観点から分析ができるキャリア・インサイト、潜在的な職業願望を捉えるキャリア・アンカー、16通りの性格に分類するＭＢＴＩ（Myers-Briggs Type Indicator）など、この分野は多彩です。自分が知りたいことに合わせて選択しましょう。３つ目は、人とのコミュニケーションを通じて、自分が気づくというパターンです。自分が言っていることで新たな気づきを得る「オートクライン」、人が話しているのを聞いてふと気づく「パラクライン」という現象です。

私は、自己理解には2つあると思っています。１つは、これまでの自分を再確認する「自分らしさ」。自分らしさを言葉にしておく。それだけで魔除けのような効果があります。もう１つは、「潜在埋蔵力」です。気づいていなかった能力、封印してしまった能力、発揮する機会に恵まれなかった能力などが「潜在埋蔵力」です。馬に乗ってみて初めて分かる乗馬の能力、水に入ってみて初めて分かる水泳の能力などです。

いつも都合のいい自分ばかりがいるのでは、変化に対応できません。モチベーションのカベが立ちふさがる時こそ、「自己理解」を深め、それを心のよりどころとしてみてはいかがでしょうか？

まとめ 4

ストレスのない人間はいないでしょう。ストレスには「いいストレス」もあります。ただ人によってストレスの捉え方が違うので厄介なのですが、ストレスを少なくするか回避できれば、「ストレスへの過剰反応」は食い止められますし、エネルギーを別に振り向けることができます。「運」と「ストレス軽減」の掴み方が分かると、モチベーションが上がります。モチベーションが上がると、人生恐いもの無しとなります。その結果、コミュニケーション、仕事、友人、恋愛など、人生のあらゆる大事な場面で最大限の力を発揮し、あなたを成功に導くことでしょう。

そんなあなたには「楽しく生きる」という大きなご褒美があるはずです。

おわりに

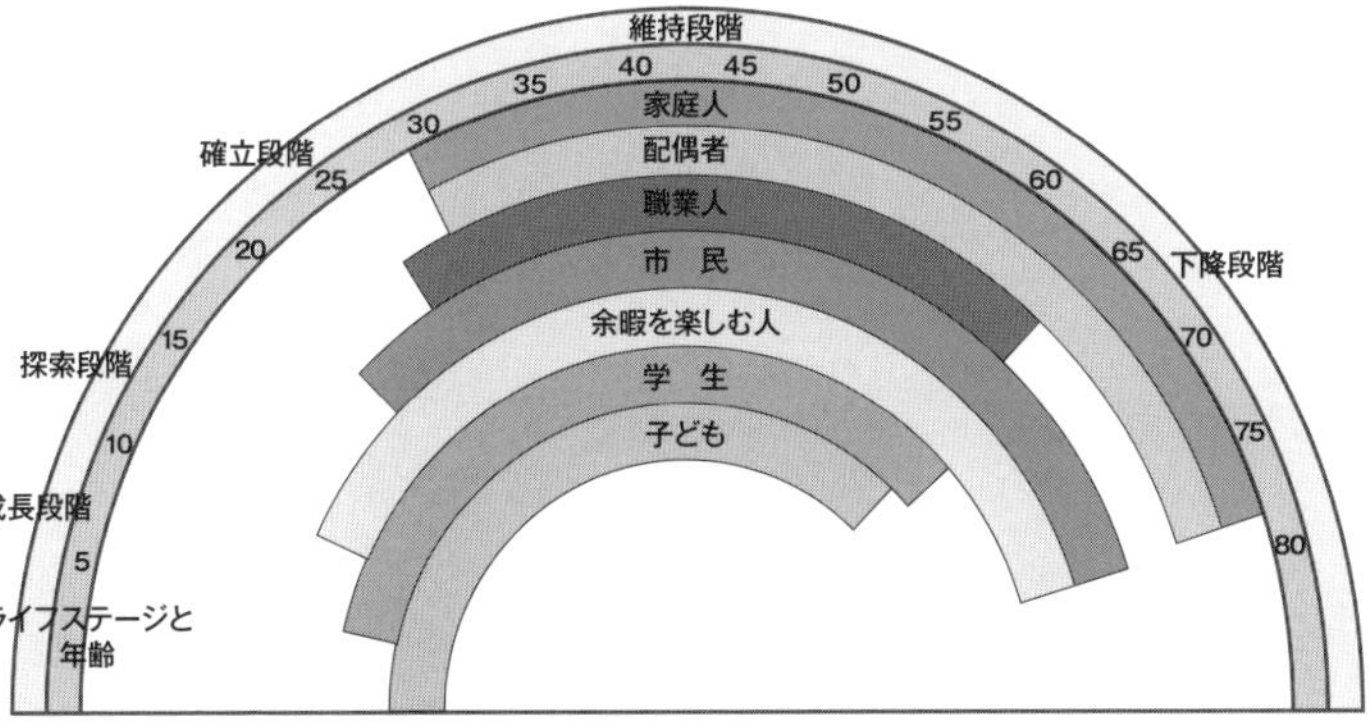

ライフキャリア・レインボーの図

ドナルド・E・スーパーほか編“Life Roles, Values, and Careers: International Findings of the Work Importance Study”（Jossey-Bass Publishers）を参考に作成

自分をつくり上げてきた正体を知る

最終ステップまで読み終え、ワークしてみていかがでしたか？

まずはここまで本書でやってきたことを次の観点に照らして振り返ってみましょう。

第1ステップの「はじまりは過去から」では、ここまで自分というものをつくり上げてきた正体は何だったのか？　いわば、自分の素がここに詰まっています。自分の中に潜在的にある不思議な感情や他人と全く違った価値観などの根っこはほとんど過去にあります。

第2ステップの「現在を『見える化』しよう」では、たった今の自問自答に対する考え方等、分析・整理するのに役立ちそうな内容を集めています。客観的に自分を知り（客観性）、少しでも自分に自信を持つ（自己肯定感）ことができたら、この章の役目は果たしたことになります。

第3ステップ「未来を取りにゆこう」は、今後の人生を輝かしいものにするには、どういう考え方やスタンスで臨めばそれが手に入るのか、ということを焦点にしています。「ミラクル・クエスチョン」から「キャリア・プラン」に進むことができれば、それが「目標設定」になり、人生進路のナビゲーター役を果たしてくれます。これがすなわち「キャリアマネジメント」です。

最終ステップの「いつでもどこでも誰にでも」では、筆者が時空を超えた普遍性があると思えるものを、主に「法則」という形で載せました。ここまでのステップの総仕上げという意味で取り組んでいただき、第3ステップの「キャリア・プラン」に的確な方策を加え、実施計画として具体化しましょう。

以上、各ステップで自分に合うものを試し、取り入れ、人生100年時代のあなた自身を「キャリアデザイン」する人になってください。それがあなたの人生の新たなはじまりとなることでしょう。

人生の各所で現れる人の役割

私が所属しているNPO日本キャリア・コンサルタント協会のミッションは「いつでも、どこでも、誰にでも学べ、やり直しができ、その人らしく生きていける社会」をめざすというものです。それは、「キャリアの学習は、時間や場所や人種、性別、年齢を問わず平等にあり、なにものにも妨げられない」という基本的な考え方を示しています。

「いつでも、どこでも、誰にでも」は本書の底流をなしているものです。では「やり直しができ、その人らしく生きていける社会」とはどういうことなのでしょうか？

大病のための長期戦線離脱や不慮の事故で、身体の自由が利かなくなり退職を余儀なくされた企業戦士、パワハラやモラハラ等で心に傷を負って退職した社会人、はたまた怪我で競技人生を棒にふったアスリート、子育てに専念したあとに社会復帰を志す女性などにとって、満足に気持ちよく働ける職場があるのでしょうか？　皆、社会的に弱い立場であり、やり直しのできる社会を求めています。一部の成功者を除いて、大概の人は、現在の社会の実状に立ちすくんでいるのではないでしょうか?

一般企業人のケースでは、私のように大病を発し、半年以上の入退院を繰り返した者は、評価を落とされ、昇進への道は完全に閉ざされてしまうのが通常です。一度そうなったら修復が難しいのが現実です。プロスポーツの世界では怪我が競技人生の致命傷となってしまうケースや成績が上がらないために解雇されて途方に暮れるというケースがよくあります。私の知人のサッカー選手専門カウンセラーは、Jリーガーが解雇された後の挫折が深刻だと言っています。また私が教える大学では、アスリートとしてやってきたが大怪我のため競技ができなくなり、目標がなくなり立ち止まっている学生を数多く見ます。

私達のNPOは、やり直しができる社会の実現をめざして、地道ですが具体的な活動を行っています。日本が持っている「安全」「水が豊富」といった強みに加えて、「やり直しができる社会」の具現化こそがめざすべき方向と信じて活動に取り組んでいます。

ひとひとりが人間として生まれた以上、楽しく幸せに生きていく権利を持っています。然るに、多くの人が楽しい人生を送っていない、ということがわかっています。

この「おわりに」の扉のページに掲げた図は、米の学者ドナルド・E・スーパー氏が提唱した「ライフステージと役割」を示した「ライフキャリア・レインボー」と呼ばれるものです。人はキャリアレインボーに示されるように、その年齢や環境に左右され、人生の各所で様々な役割を演じることになります。小さいころ受けた呪縛は、いかなる年齢になっても解かれることなく、結局楽しい人生を知らないまま終わってしまうこともあります。

このように考えてみると「100年時代。あなたはどう働きますか？　どう生きますか？」という問いに対し、各人がそれぞれの立場で真剣に向き合うことが、いま必要なことではないでしょうか？

すべてのヒントは日常の中に

本書では、誰にも今すぐ始められるキャリアデザインの4つのステップを、実践的な流れに沿って紹介するとともに、私が『月刊新松戸』に連載してきたコンテンツを整理、改訂したものをコラムにまとめています。

『月刊新松戸』の連載を引き受けた初期は、カウンセリングのスキルや理論に重点を置いて書き進め、読んでいただく対象は主婦を意識していました。

そのうち、「日常生活」にテーマを感じ、さらに話は「時事問題」にまで発展しました。ここに至って、私は自分のキャリアコンサルタントという職業と、『月刊新松戸』のコンテンツが深く結びついていることに気がつきました。最初は、「楽しく人生を生きる」などのテーマで思ったことや経験を書いていたのですが、よく考えてみると私はキャリアコンサルタントで得た知識や考え方を通して、社会の出来事や身の回りの物事を見ていたことが分かりました。

大学の授業の中でこのコンテンツを紹介することもよくあります。なぜならば、「転機」や「ロールモデル」等々、テーマの補足説明に使うのに非常に有効であるからです。また、カウンセリングの現場で使ったり、カウンセラー養成研修の場で使うこともありました。

例えば、「傾聴をしっかり」と言うよりも、コンテンツから傾聴に関する話題を抽出し、説明する方が分かりやすいのです。こんな経験を重ねた結果、これらのコンテンツは、主婦、学生、来談相談者など、社会的に立場の弱い「弱者の層」に有効に訴求するという確信に至りました。これが「やり直しができ、その人らしく生きていける社会」という弱者支援にいつのまにかつながっていることに気づきました。これこそ私が与えられた使命である、という想いに至りました。

本書は、私のキャリアコンサルタントとしての集大成として、自信を持って世の中に送り出すものです。

最後に、本書の構成・編集に多大なるご尽力をいただいた東海教育研究所の寺田幹太氏、そして強力にバックアップをいただいた筑波大学元教授の木村周先生、東海大学の水島久光教授、『月刊新松戸』の家田喜保子編集長、NPO日本キャリアコンサルタント協会、同佐藤美礼氏に心より感謝申し上げます。

ありがとうございました。

2019年8月　小倉克夫

参考文献

木村周『キャリアコンサルティング　理論と実際　5訂版』（雇用問題研究会、2018年）／小倉克夫『社内突破力』（翔泳社、2009年）／青木安輝『解決志向の実践マネジメント』（河出書房新社、2006年）／國分康孝『論理療法の理論と実際』（誠信書房、1999年）／福井至、貝谷久宣監修『図解やさしくわかる認知行動療法』（ナツメ社、2012年）／リンダ・グラットン、アンドリュー・スコット『ライフシフト』（池村千秋訳、東洋経済新報社、2016年）／NPO日本キャリア・コンサルタント協会『新しい就職活動の仕方　竹の節を作ろう　改訂5版』（NPO日本キャリア・コンサルタント協会、2019年）／東海大学キャリア就職センター、東海大学現代教養センター編『改訂版　キャリア形成2　業界研究とセルフマネジメント』（東海大学出版部、2017年）／東海大学キャリア就職センター、東海大学現代教養センター編『改訂版　キャリア設計2　コミュニケーションと価値観の多様性を学ぶ』（東海大学出版部、2017年）／マーク・L・サビカス『サビカス　キャリア・カウンセリング理論』（日本キャリア開発研究センター監訳、乙須敏紀訳、福村出版、2015年）／水島広子『「うつ」が楽になるノート　みんなの対人関係療法』（PHP研究所、2008年）／緒方俊雄『「勝ち組」の男は人生で三度、挫折する』（中公新書ラクレ、2011年）／伊丹敬之『経営を見る眼　日々の仕事の意味を知るための経営入門』（東洋経済新報社、2007年）／ピーター・F・ドラッカー『マネジメント　基本と原則』（上田惇生訳、ダイヤモンド社、2001年）／岩井俊憲『人生が大きく変わる　アドラー心理学入門』（かんき出版、2014年）／伊藤守『コーチングマネジメント　人と組織のハイパフォーマンスをつくる』（ディスカヴァー・トゥエンティワン、2002年）

小倉克夫　おぐら・かつお

1950年生まれ。NPO日本キャリア・コンサルタント協会副理事長。東海大学非常勤講師。大手写真メーカーでマーケティング、プランニング、営業を担当後、同社関連企業の社長を経て現在に至る。「働くことと人の心とのかかわり」を活動テーマに、企業研修やセミナー講師、各種カウンセリング&コーチングなどの活動を行っている。著書に『社内突破力』(翔泳社)、『キャリア形成1・2』(共著、東海大学出版部)など。

七転び八起きのキャリアデザイン

2019年9月3日　第1刷発行

著　　者　小倉克夫
発 行 者　原田邦彦
発 行 所　東海教育研究所
〒160-0023
東京都新宿区西新宿 7-4-3
升本ビル
TEL　03(3227)3700
FAX　03(3227)3701
eigyo@tokaiedu.co.jp

ブックデザイン　野村 浩
カバーイラスト　石村ともこ
組　　版　フレックスアート
印刷製本　リーブルテック

ISBN 978-4-924523-06-7